Impressum
Verlag: BABADADA GmbH, Nedderfeld 112 , 22529 Hamburg
Geschäftsführer / Verlagsleitung: Harald Hof
Druck: Books on Demand GmbH, In de Tarpen 42, 22848 Norderstedt

Imprint
Publisher: BABADADA GmbH, Nedderfeld 112 , 22529 Hamburg, Germany
Managing Director / Publishing direction: Harald Hof
Print: Books on Demand GmbH, In de Tarpen 42, 22848 Norderstedt, Germany

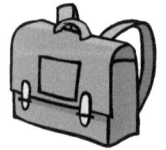

sekolo
paaralan

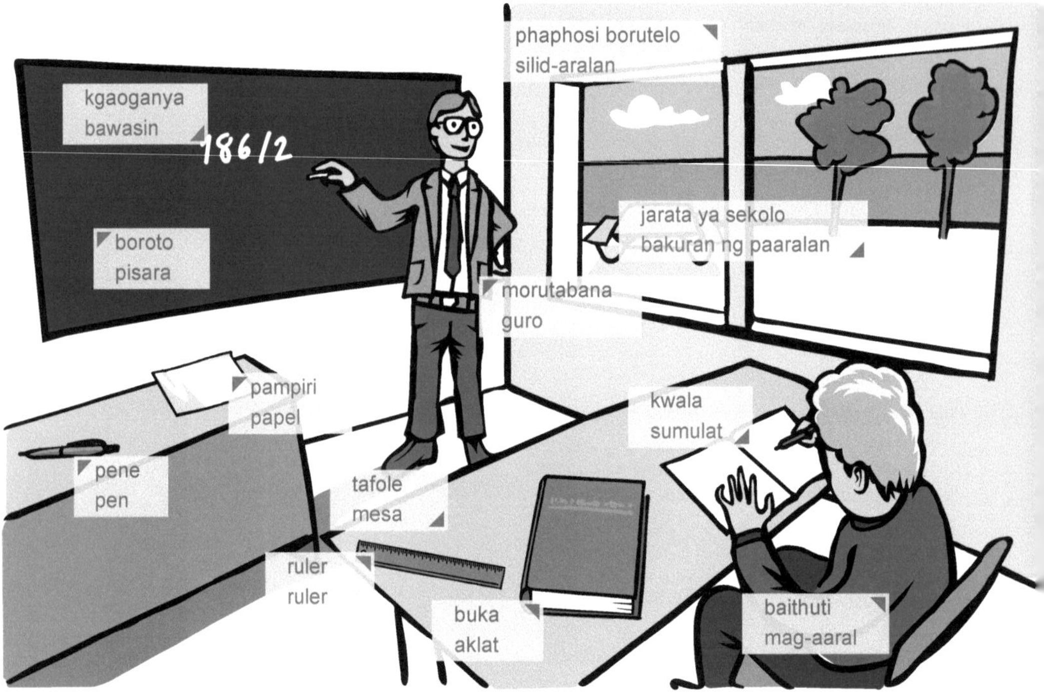
phaphosi borutelo
silid-aralan
kgaoganya
bawasin
186/2
boroto
pisara
jarata ya sekolo
bakuran ng paaralan
morutabana
guro
pampiri
papel
kwala
sumulat
pene
pen
tafole
mesa
ruler
ruler
buka
aklat
baithuti
mag-aaral

kgetsana ya dibuka
satchel

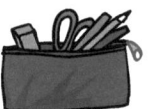

setsenya dipensele
lalagyan ng lapis

pensele
lapis

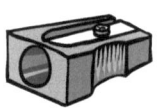

seseta pensele
pantasa

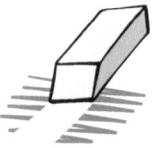

sephimola
goma

boto ya go torowa
drowing pad

torowa

drowing

boratšhe jwa pente

pinsel na pampinta

bokose ya pente

kahon ng pinta

dikere

gunting

sekgomaretsi

pandikit

buka ya go kwalela

aklat para sa pagsasanay

tirogae

takdang-aralin

palo

numero

tlhakanya

dagdagan

kgaoganya

bawasin

atisa

paramihin

khalkhuleitara

kalkulahin

lekwalo

liham

alfabete

alpabeto

lefoko

salita

mafoko

teksto

bala

basahin

choko

yeso

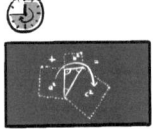

thuto

leksyon

rejistara

rehistro

tlhatlhobo

eksaminasyon

setifikeiti

sertipiko

diaparo tsa sekolo

uniporme sa paaralan

thuto

edukasyon

encyclopedia

encyclopedia

unibesithi

unibersidad

mikoroskoupo

mikroskopyo

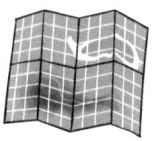

mmepe

mapa

moteme wa dipampiri

basurahan ng papel

eta

paglalakbay

hotele
hotel
Grand
hosetele
hostel
ROOMS
EXCHANGE
kantoro ya go fetola madi
tanggapan ng palitan ng pera
sutukeisi
maleta
sejanaga
kotse

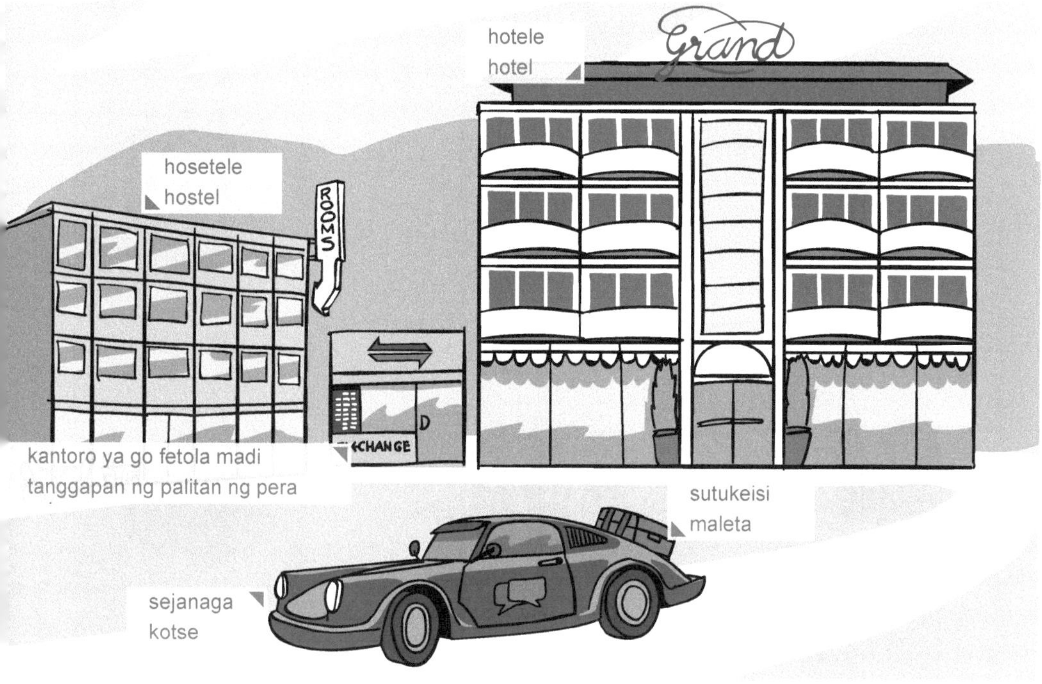

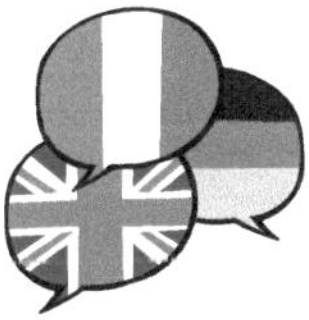

puo
wika

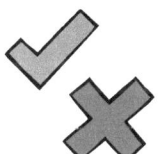

ee / nnyaa
oo / hindi

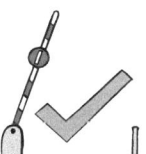

Go siame
Okey

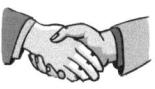

dumela
kumusta

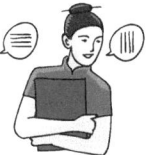

moranodi
tagapagsalin

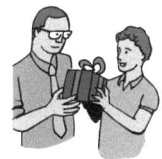

Ke a leboga
Salamat

ke bokae…?

magkano ang…?

ga ke tlhaloganye

Hindi ko maintindihan

bothata

problema

O itumelele bosigo!

Magandang gabi!

Dumela!

Magandang umaga!

Robala Sentle!

Magandang gabi!

tsamaya sentle

paalam

tsela

direksyon

dithoto

bahage

kgetsi

bag

kgetsi

napsak

moeng

panauhin

phaposi

silid

kgetsana ya go robalela

sakong tulugan

mogope

tolda

tshedimosetso ya mojanala

impormasyon ng turista

lewatle

dalampasigan

karata ya go tsaya sekoloto

credit card

sefitlholo

almusal

dijo tsa motshegare

tanghalian

dijo tsa maitsiboa

hapunan

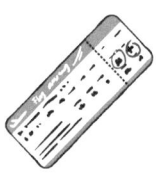

tekete

tiket

lifiti

elebeytor

setempe

selyo

bodara

hangganan

dingwao

adwana

embassy

embahada

visa

visa

lokwalo itshupo

pasaporte

sepalangwa
transportasyon

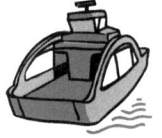

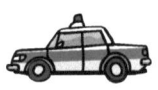

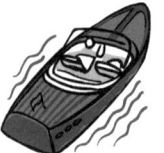

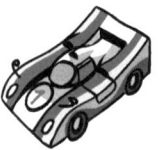

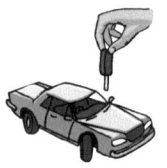

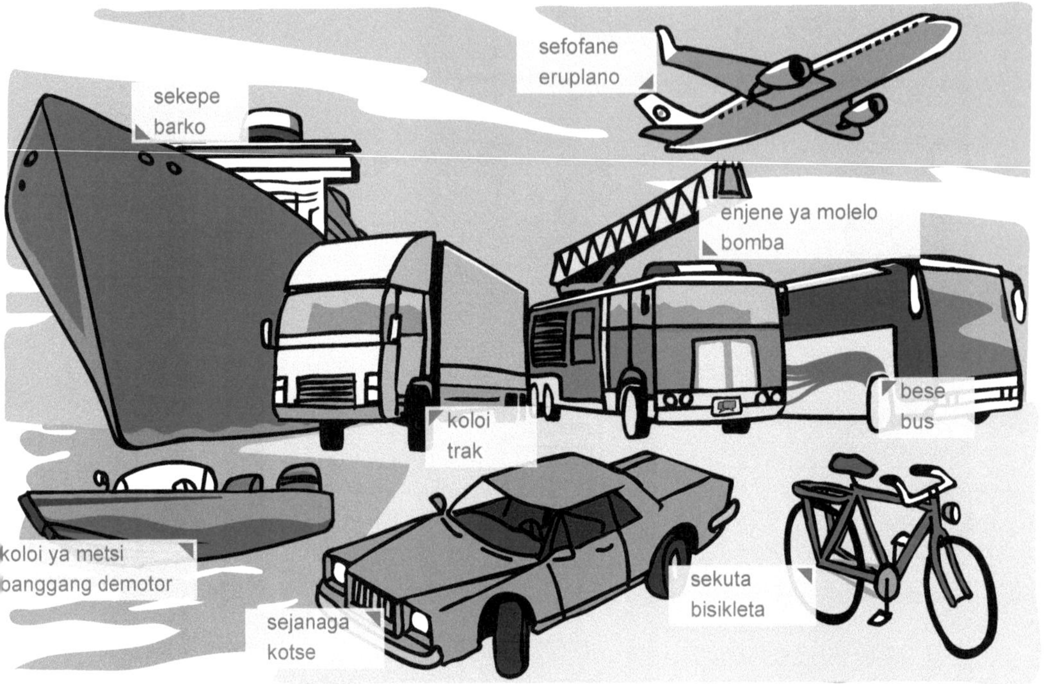
sefofane
eruplano
sekepe
barko
enjene ya molelo
bomba
bese
bus
koloi
trak
koloi ya metsi
banggang demotor
sekuta
bisikleta
sejanaga
kotse

feri
lantsang pantawid

sekepe
bangka

sethuthuthu
motorsiklo

sejanaga sa mapodisa
sasakyan ng pulis

sejanaga sa lobelo
kotseng pangkarera

sejanaga se se hirilweng
nirerentahang kotse

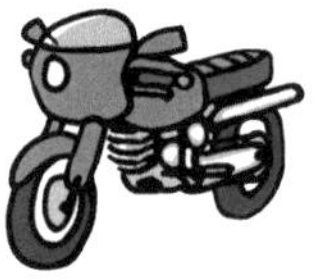

aroganya sejanaga

car sharing

koloi e e gogang dikoloi tse
di robegileng

trak na panghila

koloi e e tsayang matlakala

trak na pantapon ng basura

koloi

motor

lookwane

panggatong

seteišhene sa lookwane

gasolinahan

letshwao la pharakano

karatula ng trapiko

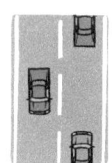

pharakano

trapiko

pharakano

masikip na trapiko

lefelo la go emisa koloi

paradahan ng kotse

seteišhene sa terena

estasyon ng tren

mela

riles

terena

tren

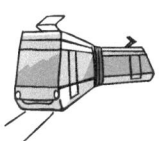

tereme

trambya

kolotsana

wagon

sefofane

helikopter

boemeladifofane

paliparan

tora

tore

mopalami

pasahero

sekhafothini

sisidlan

bokoso

karton

karaki

kariton

basekete

basket

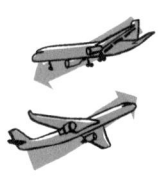

go tsamaya / go fitlha

umalis / lumapag

toropo
lungsod

motse

nayon

legare la teropo

sentro ng lungsod

ntlo

bahay

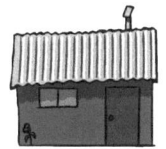

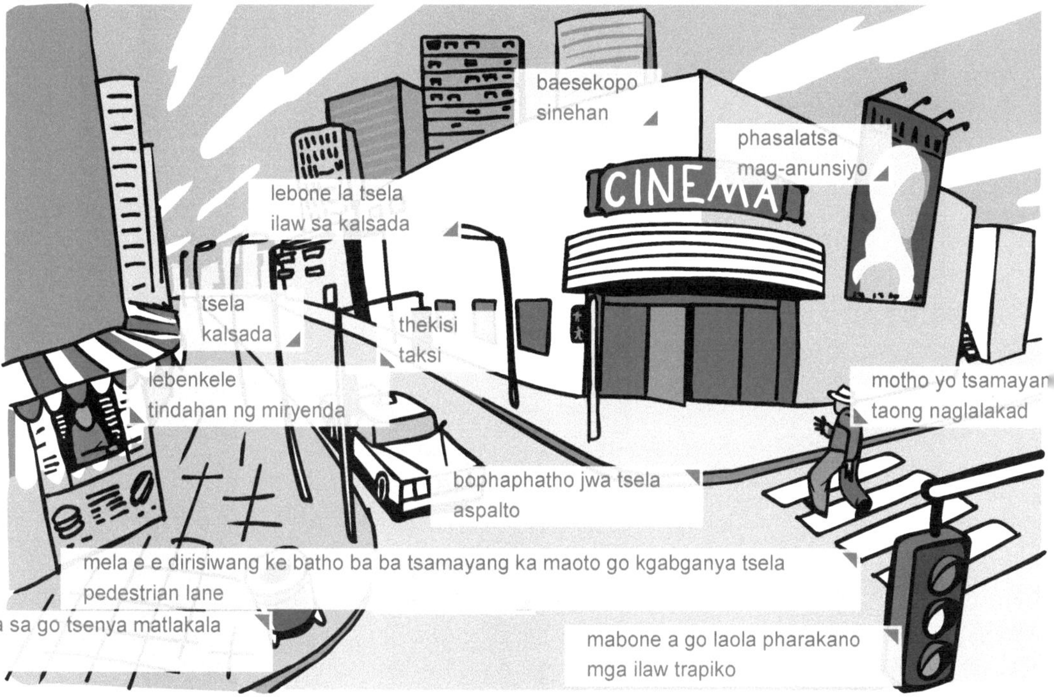
baesekopo
sinehan
phasalatsa
mag-anunsiyo
CINEMA
lebone la tsela
ilaw sa kalsada
tsela
kalsada
thekisi
taksi
lebenkele
tindahan ng miryenda
motho yo tsamayan
taong naglalakad
bophaphatho jwa tsela
aspalto
mela e e dirisiwang ke batho ba ba tsamayang ka maoto go kgabganya tsela
pedestrian lane
a sa go tsenya matlakala
mabone a go laola pharakano
mga ilaw trapiko

ntlo e e ruletseng ka bojang
kubo

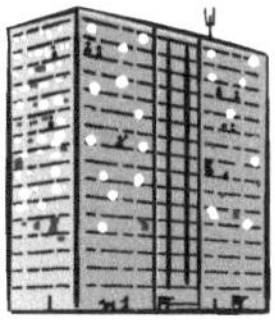

sephara
patag

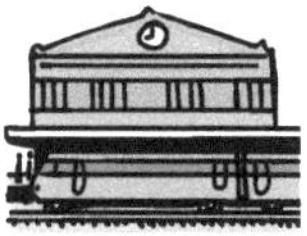

seteišhene sa terena
estasyon ng tren

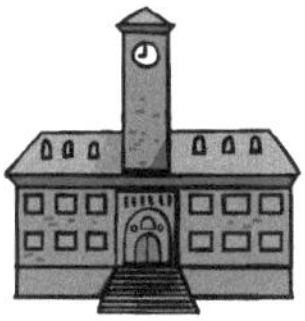

ntlolehalahala la toropo
munisipyo

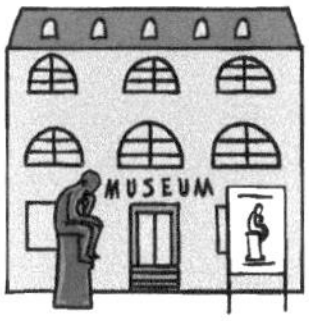
MUSEUM

museamo
museo

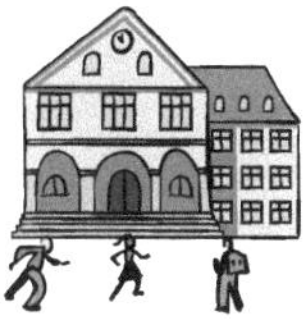

sekolo
paaralan

unibesithi

unibersidad

banka

bangko

sepetlele

ospital

hotele

hotel

lefelo la melemo

parmasya

kantoro

opisina

lebenkele la dibuka

tindahan ng aklat

lebenkele

tindahan

batho ba ba rekisang malomo

tindahan ng bulaklak

lebenkele

supermarket

maraka

palengke

lebenkele la diaparo

department store

fishmongers

tindahan ng isda

moago wa mabenkele a a mantsi

sentrong pamilihan

boema dikepe

daungan

serapa

parke

banka

bangko

borogo

tulay

ditepisi

hagdan

kwa tlase ga lefatshe

underground

kgogometso

tunel

boemela bese

hintuan ng bus

bara

bar

lefelo la go jela

restawran

lebokose la pose

kahon ng koreo

letshwao la tsela

karatula sa kalsada

mitara wa go emisa koloi

metro ng paradahan

lefelo la go bonela
diphologolo

zoo

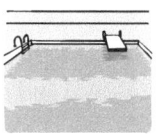

letlodi la go thuma

swimming pool

tempele ya mamoselema

moske

polase
bukid

kgotlelelo
polusyon

mabitla
libingan

kereke
simbahan

lefelo la go tshamekela
palaruan

temple
templo

boago jwa lefelo
tanawin

setlhatsana
dahon

matshwao
posteng pananda

tsela
daan

ditlhaga
parang

letlapa
bato

motho yo o tsamayang mo thabeng
hiker

setlhare
kahoy

noka
ilog

bojang
damo

lelomo
bulaklak

mokgatšha

lambak

thatshana

burol

lekadiba

look

sekgwa

kagubatan

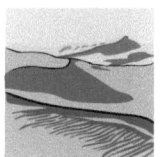

sekaka

disyerto

lekgwamolelo

bulkan

khasele

kastilyo

motshe wa badimo

bahaghari

leboa

kabute

mokolana

palmera

montsane

lamok

tshenekegi

langaw

tshoswane

langgam

notshi

bubuyog

segokgo

gagamba

khukhwana

salagubang

segwagwa

palaka

mosha

ardilya

noko

parkupino

mmutla

liyebre

morubisi

kuwago

nonyane

ibon

pidipidi

sisne

dikolobe tsa naga

bulugan

kgokong

usa

moose

moose

letamo

dam

sefetlhaphefo

turbina ng hangin

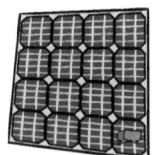

motlakase o o dirilweng ka letsatsi

solar panel

loapi

klima

weitara
waiter

lenaane la dijo
putahe

setulo
silya

sopo
sopas

pizza
pizza

dintsho
kubyertos

fatuku ya tafole
mantel

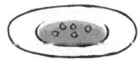

sejo sa ntlha
panimula

sejo sa bobedi
pangunahing pagkain

dijo tse di naleng sukiri
panghimagas

dino
inumin

dijo
pagkain

botlolo
bote

dijo tsa mo strateng

fastfood

dijo tsa seterata

pagkaing kalye

ketlele ya tee

tsarera

sejana sa go tsenya sukiri

panutsa

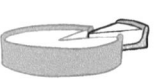

karolo

bahagi

motšhini wa espresso

espresso machine

setulo se se kwa godimo

mataas na upuan

tshupamolato

bayarin

terei

bandehado

thipa

kutsilyo

forotlho

tinidor

liso

kutsara

leswana

kutsarita

lesela la go iphimola

serviette

galase

baso

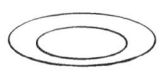

poleiti

pinggan

poleiti ya sopo

platong pansopas

sosara

platito

sopo

sawsawan

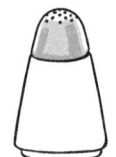

sejana sa letswai

pangkalog ng asin

sesila pepere

panggiling ng paminta

aseini

suka

oli

langis

ditswaiso

pampalasa

tamati souso

ketsup

masetete

mustasa

mayonaese

mayonnaise

lebenkele
supermarket

sesolo se se kgethegileng
espesyal na alok
FOR
moreki
kustomer
dilwana tsa mašwi
produktong mantikilya
leungo
prutas
teroli
troli

BUTCHERS

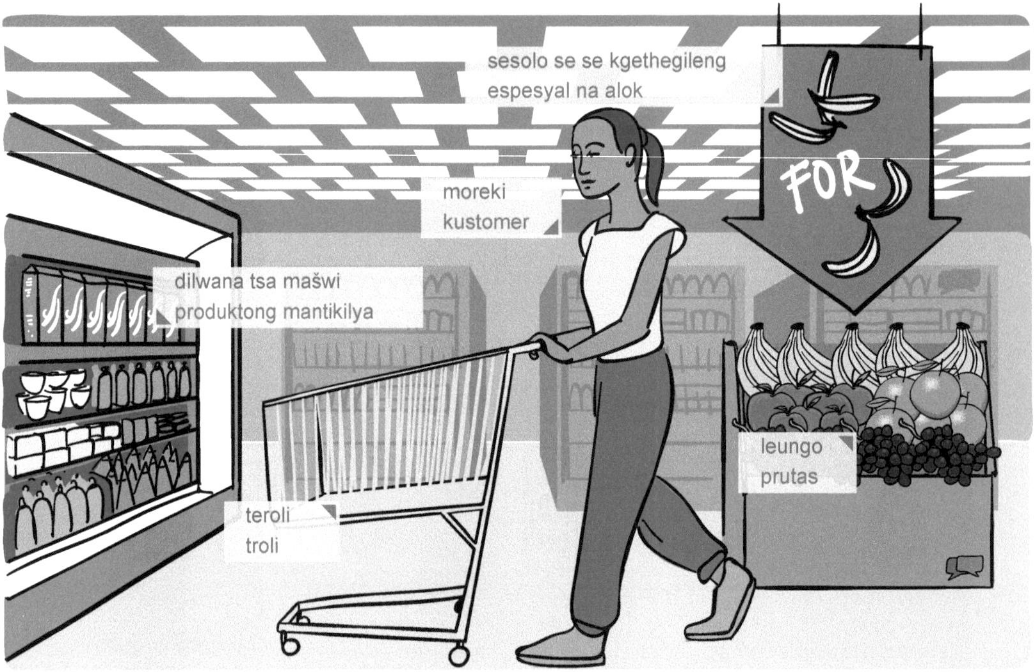

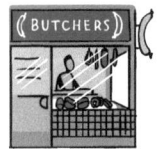

batho ba ba segang nama

butser

BAKERY

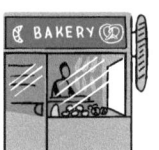

babaki

panaderya

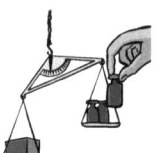

boima

timbang

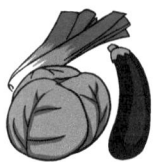

merogo

mga gulay

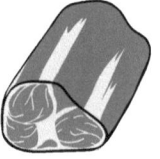

nama

karne

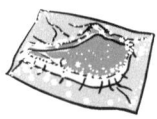

dijo tse di aesitsweng

pinalamig na pagkain

nama e e sa tlhokeng go ¨apewa¨

malamig na karne

dijo tsa thini

delatang pagkain

molora o o tlhatswang

pulbos na panlaba

dimonamone

matatamis

dilwana tsa ntlo

mga produktong pambahay

dilwana tsa go phepafatsa

mga produktong panlinis

morekisi

tindera

motšhini wa madi

cash register

morekisi

kahera

lennane la go reka

listahan ng pinamili

diura tsa go bula

oras ng pagbubukas

sepatšhe

pitaka

karata ya go tsaya sekoloto

credit card

kgetsi

bag

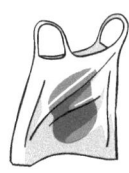

kgetsi ya polasetiki

plastik bag

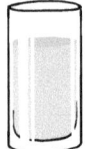

metsi

tubig

jusi

juice

mašwi

gatas

khouku

coke

beine

alak

biri

serbesa

bojalwa

alak

khoukhou

kakaw

tee

tsaa

kofi

kape

esepereso

espresso

cappuccino

cappuccino

panana

saging

apole

mansanas

namune

kahel

legapu

melon

surunamune

limon

segwete

carrot

konofole

bawang

lotlhaka lwa bampuse

kawayan

eie

sibuyas

mabowa

kabute

manoko

mani

di-noodles

noodles

sepagethi

spaghetti

raese

bigas

salate

ensalada

ditšhipisi

chips

ditapole tse di gadikilweng

pritong patatas

pizza

pizza

hamburger

hamburger

borotho jo bo tlapisitsweng

sandwich

nama e e gadikilweng

piraso ng karneng walang buto

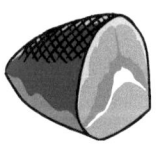

nama ya kolobe

hamon

salami

salami

boroso

tsoriso

koko

manok

gadika

inihaw

tlhapi

isda

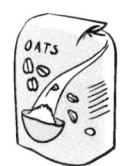

bogobe jwa outse

mga porridge oat

muesli

muesli

cornflakes

cornflakes

bupi

harina

croissante

croissant

banse

rolyong tinapay

borotho

tinapay

borotho jo bo besitsweng

tostado

bisikiti

biskuwit

botoro

mantikilya

tšhisi

keso

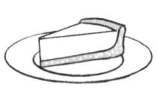

kuku

keyk

lee

itlog

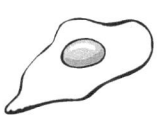

lee le le gadikilweng

pritong itlog

kase

keso

aesekirimi

sorbetes

sukiri

asukal

mamepe a dinotshe

pulot

jeme

jam

chokolete e e tshasiwang

tsokolateng pinapahid

khari

curry

polase
bukid

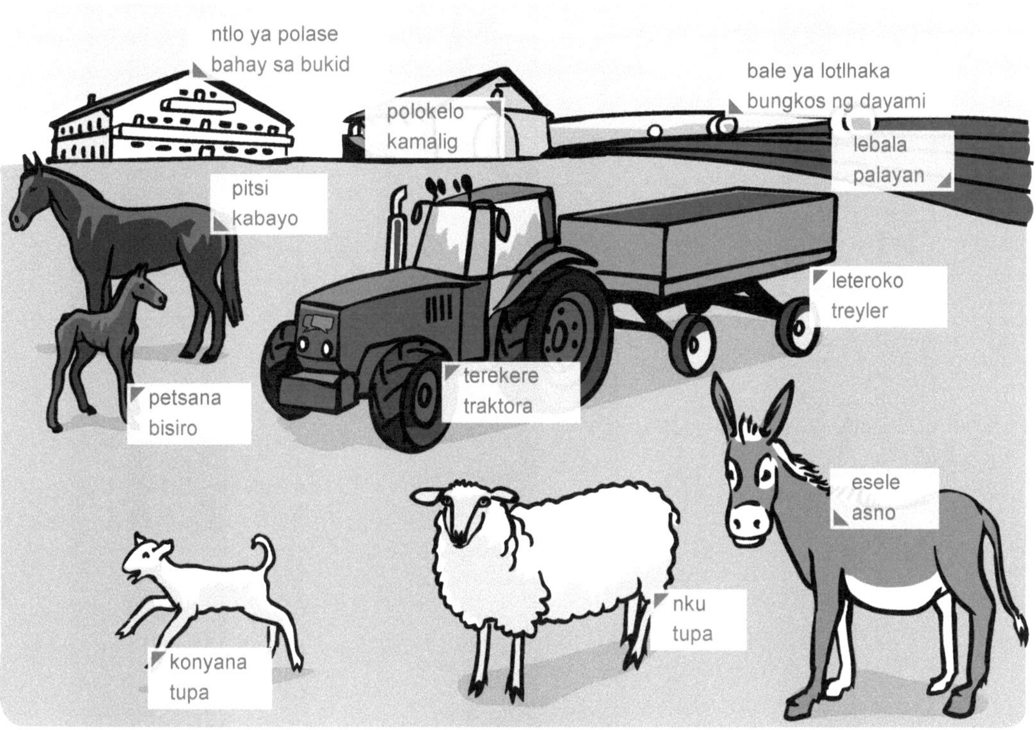

ntlo ya polase
bahay sa bukid
polokelo
kamalig
bale ya lotlhaka
bungkos ng dayami
lebala
palayan
pitsi
kabayo
leteroko
treyler
petsana
bisiro
terekere
traktora
esele
asno
nku
tupa
konyana
tupa

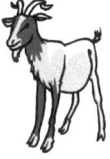

pudi

kambing

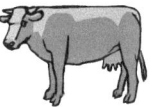

kgomo

baka

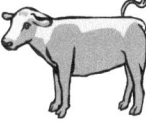

namane

guya

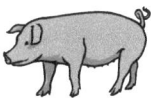

kolobe

baboy

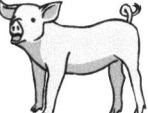

kolojane

biik

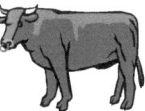

poo

toro

ganse

gansa

pidipidi

pato

kokwanyana

sisiw

mokoko

inahin

mokoko

katyaw

peba

daga

katse

pusa

peba

daga

kgomo

kapong baka

ntša

aso

ntlo ya ntša

bahay ng aso

lethompo la tshingwana

hose sa hardin

tanka ya go nosetsa

latang pandilig

disekele tsa tshipi

haras

lema

araro

disekele

karit

setlhagola

asarol

foroko ya go peta

tuhugin

selepe

palakol

kiribae

karitela

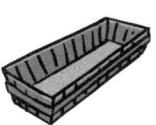

bonwelo

sabsaban

mašwi a a moteng ga moteme

lata ng gatas

kgetsana

sako

legora

bakod

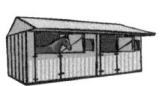

tsepame

kuwadra

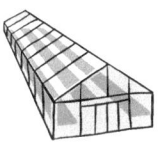

letelo la go godisa dijalo

punlaan

mmu

lupa

peo

buto

menyoro

pataba

thobo e e kopaneng

combine harvester

thobo

mag-ani

thobo

ani

di-yam

yams

korong

trigo

soya

soya

tapole

patatas

korong

mais

disonobolomo

rapeseed

setlhare sa maungo

kahoy na namumunga

cassava

kamoteng kahoy

dijo tsa phakela

siryal

ntlo
bahay

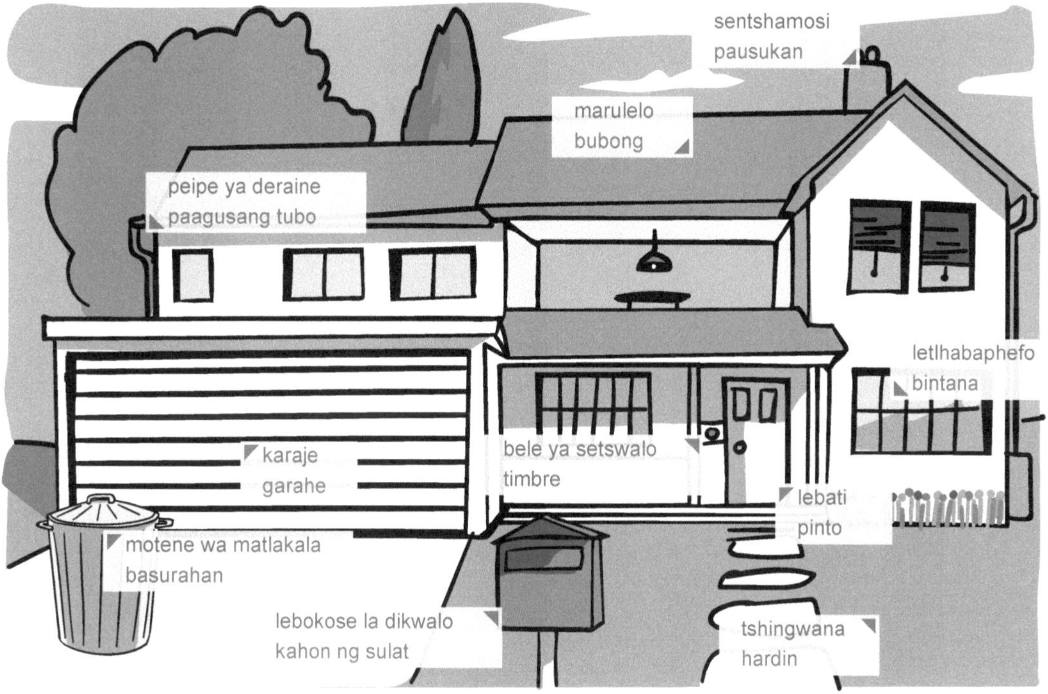

sentshamosi
pausukan
marulelo
bubong
peipe ya deraine
paagusang tubo
letlhabaphefo
bintana
karaje
garahe
bele ya setswalo
timbre
lebati
pinto
motene wa matlakala
basurahan
lebokose la dikwalo
kahon ng sulat
tshingwana
hardin

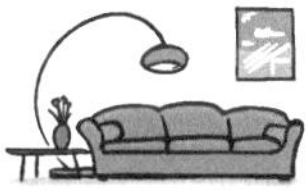

phaposi ya bodulo

salas

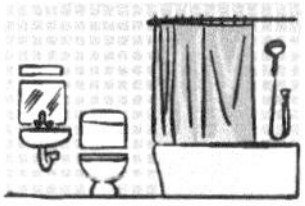

phaposi ya go tlhapela

palikuran

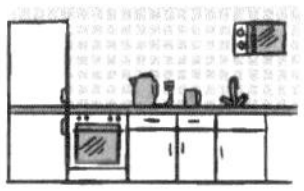

boapeelo

kusina

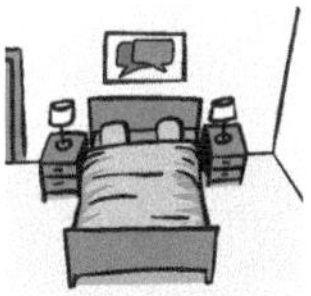

phaposi ya borobalo

silid-tulugan

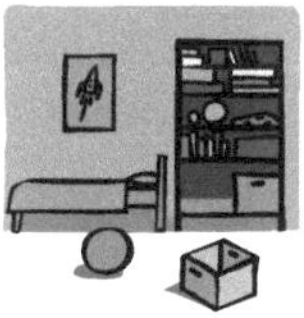

phaposi ya bana

silid ng bata

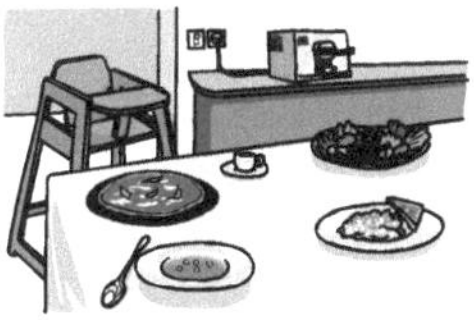

phaposi ya bojelo

hapag-kainan

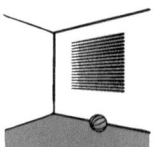

mo fatshe

sahig

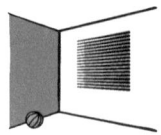

lebota

pader

siling

kisame

mabolokelo

bodega ng alak

se futhumatsa mmele

sauna

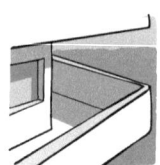

mokatako

balkonahe

mokgekolosa

terasa

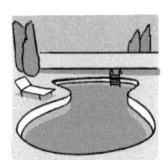

makadiba

pool

sedirisiwa sa go sega bojang

pamputol ng damo

lakane

piraso ng papel

kobo

kobrekama

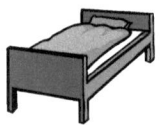

bolao

higaan

lefielo

walis

kgamelo

timba

switch

pindutan

phaposi ya bodulo
salas

pampiri e e kgabisng lebota
wallpaper
setshwantsho
litrato
lobone
ilaw
raka
estante
raka
kabinet
thelebishene
telebisyon
iso
pugon
lelomo
bulaklak
mosamo
unan
soufa
sopa
setsenya malomo
plorera
selaola thelebishene o le kgakala le yone
remote control

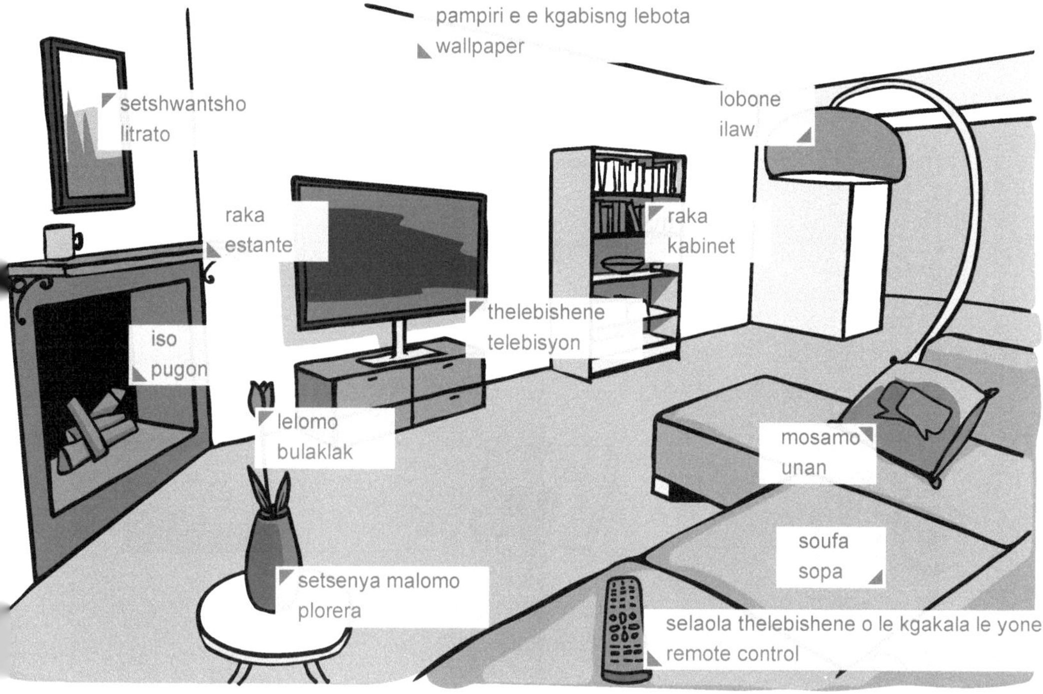

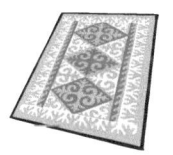

mmetshe

karpet

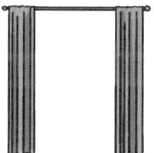

garetene

kurtina

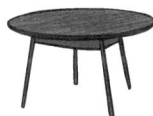

tafole

mesa

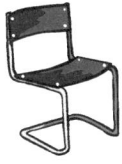

setulo

silya

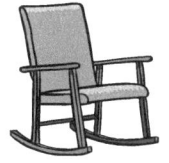

setulo se se binang

tumba-tumba

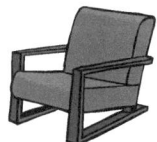

setulo se se naleng boikego

sandalan

buka

aklat

kobo

kumot

mokgabiso

dekorasyon

dikgong tsa molelo

kahoy na panggatong

filimi

pelikula

hi-fi ya go letsa

hi-fi

selotlolo

susi

lokwalodikgang

dyaryo

setshwantsho se se dirilweng ka pente

pinta

pampiri ya go phasalatsa

poster

seyalemowa

radyo

buka ya dintla

kuwaderno

huvara

vacuum cleaner

motoroko

kaktus

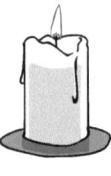

kerese

kandila

boapeelo
kusina

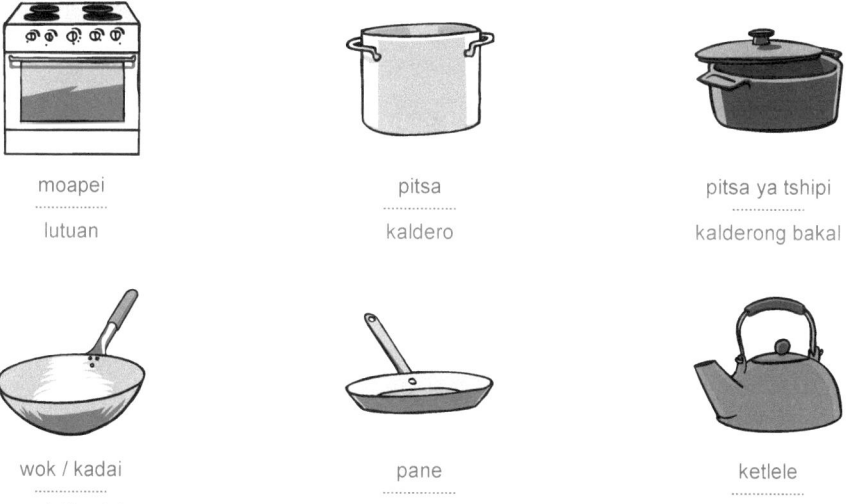

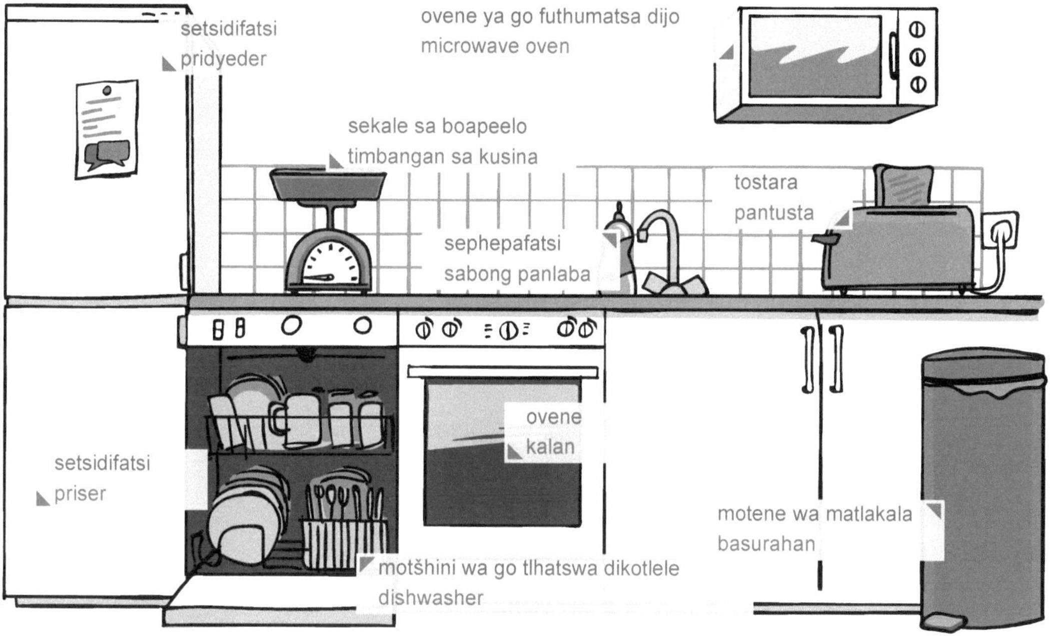
setsidifatsi
pridyeder
ovene ya go futhumatsa dijo
microwave oven
sekale sa boapeelo
timbangan sa kusina
tostara
pantusta
sephepafatsi
sabong panlaba
ovene
kalan
setsidifatsi
priser
motene wa matlakala
basurahan
motšhini wa go tlhatswa dikotlele
dishwasher

moapei
lutuan

pitsa
kaldero

pitsa ya tshipi
kalderong bakal

wok / kadai
wok / kadai

pane
kawali

ketlele
takore

sefuthumatsi

pasingawan

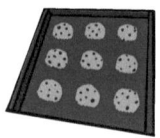

terei ya go baka

bandehado sa paghuhurno

dintsho

babasagin

kopi

mug

sejana

mangkok

thobane ya go rema

sipit ng intsik

thoka

sandok

sepatšhula

spatula

wiskara

pampalis

setereinara

pansala

setlhotlhi

salaan

greitara

pangkayod

kika

almires

nama ya kgomo

barbikyo

molelo o o mopepeneneg

siga

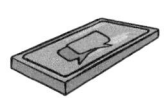

boroto ya go segela

tadtaran

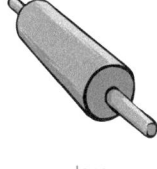

rolara

rodilyo

sebula dibotlolo tsa beine

tribuson

moteme

lata

sebula moteme

pambukas ng lata

setshwari sa pitsa

panghawak ng kaldero

sinki

lababo

boratšhe

bras

sepontšhe

espongha

setlhakanya dijo / maungo

blender

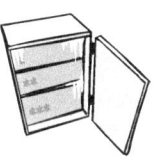

setsidifatsi

malalim na freezer

botlole ya ngwana

bote ng sanggol

tepe

gripo

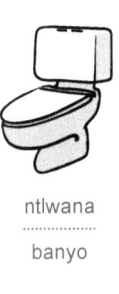

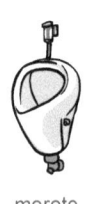

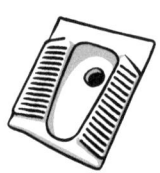

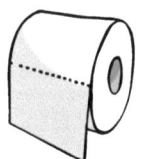

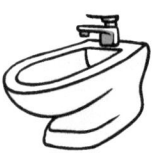

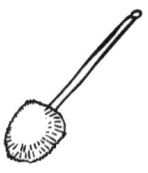

phaposi ya go tlhapela
palikuran

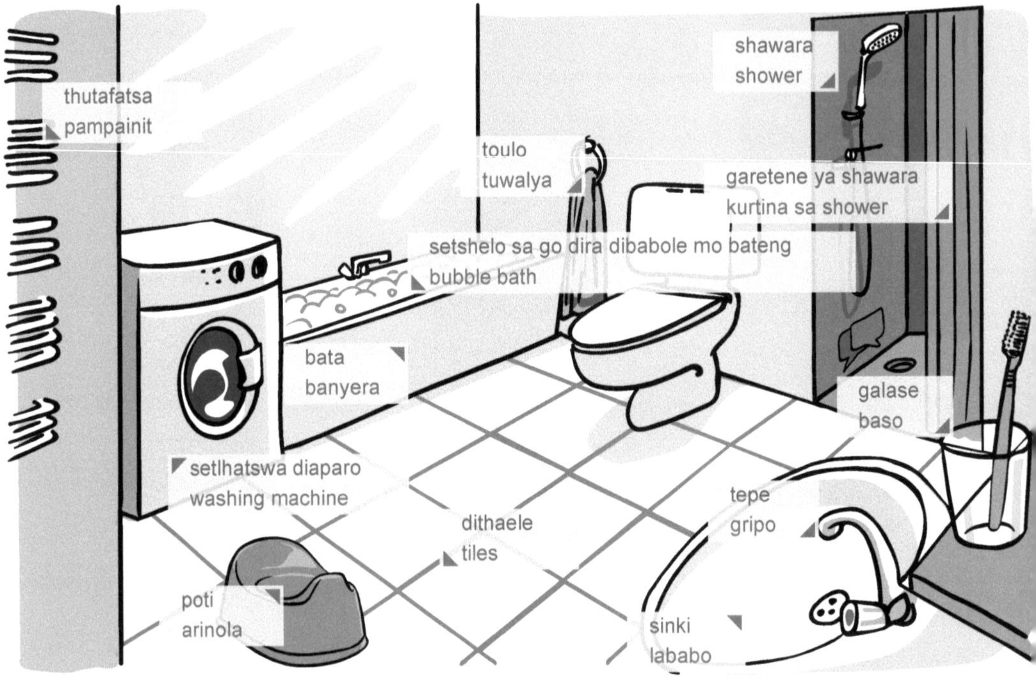

thutafatsa
pampainit
toulo
tuwalya
shawara
shower
garetene ya shawara
kurtina sa shower
setshelo sa go dira dibabole mo bateng
bubble bath
bata
banyera
galase
baso
setlhatswa diaparo
washing machine
tepe
gripo
dithaele
tiles
poti
arinola
sinki
lababo

ntlwana

banyo

ntlwana ya go kotama

squat toilet

bidete

bidet

moroto

ihian

pampiri ya boithomelo

toilet paper

boratšhe jwa ntlwana

iskoba sa banyo

boratšhe jwa meno

sipilyo

sesepa sa meno

tutpeyst

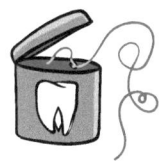

tlhale ya go phepafatsa meno

dental floss

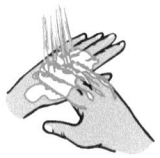

tlhatswa

hugasan

shawara ya go itshwarela

shower na hinahawakan

senkgisa monate

dutsa

beisini

palanggana

boratšhe jwa mokwatla

bras panlikod

sesepa

sabon

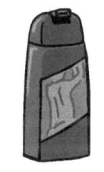

jele ya shawara

shower gel

setlhapisa moriri

shampoo

folanele

pranela

mosele

paagusan

setlolo

krema

senkgamonate

deodorant

seipone
salamin

seipone sa go itshwarela
salaming hinahawakan

legare
pang-ahit

foumu ya go ntsha moriri
bulang pang-ahit

foumu ya fa o fetsa go
ntsha moriri
aftershave

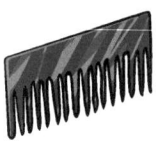

kama
suklay

boratšhe
brush

seomisa moriri
pantuyo ng buhok

seporei sa moriri
sprey sa buhok

seitlole sa sefatlhego
makeup

setlolo sa molomo
lipistik

pente ya dinala
pampakintab ng kuko

boboa
bulak na lana

sekere sa dinala
panggupit ng kuko

leokwane le le nkgang
monate
pabango

kgetsana ya go tlhatswa

washbag

setulo

stool

sekale sa go lekanya

timbangan

seaparo sa botlhapelo

bata

ditlelafo tsa rekere

gomang guwantes

tempone

tampon

sedirisiwa sa basadi ba ba
mo kgweding

malinis na tuwalya

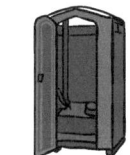

ntlwana ya khemikhale

chemical toilet

phaposi ya bana
silid ng bata

tshupanako ya alamo
alarm clock
mpopi wa go tlamparela
nayayakap na laruan
koloi e e tshamekang
laruang kotse
setšhakgatšhakga
kuliling
ntlo ya dipompi
bahay ng manika
poresente
regalo

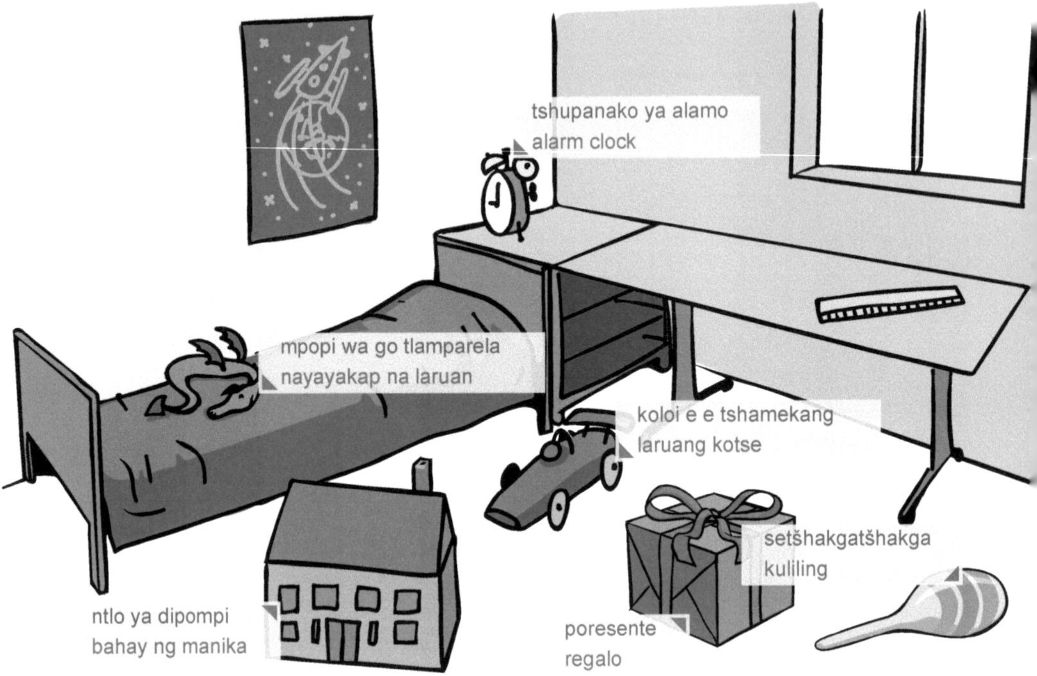

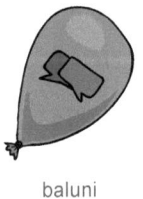

baluni
....
lobo

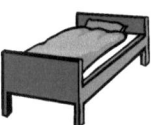

bolao
....
higaan

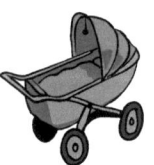

porema
....
pram

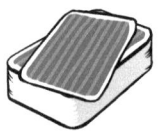

deck of cards
....
hanay ng mga baraha

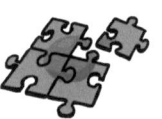

saga ya motlakase
....
jigsaw

SUPER MEGA

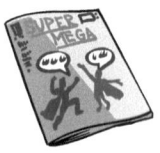

buka ya ditshegisi
....
komiks

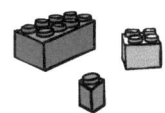

matlapa a go tshameka

lego bricks

diboloko tse di tshamekang

blokeng laruan

setshwantsho sa motho

action figure

seaparo sa lesea

paglaki ng sanggol

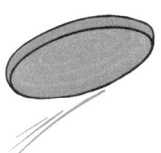

Frisbee

frisbee

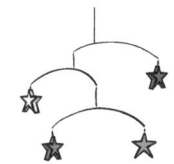

selo sa go letsa mmino mo ditsebeng

mobile

motshameko wa boroto

board game

daese

dice

terena

model train set

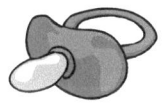

tamı

manikin

moletlo

salu-salo

buka ya ditshwantsho

aklat ng mga litrato

bolo

bola

mpopi

manika

tshameka

maglaro

lebala le le naleng santa

tibagan ng buhangin

moswinki

duyan

ditshamekisi tsa bana

mga laruan

motshameko wa dibidio

video game console

baesekele ya maotwana a a mararo

traysikel

bera e e diretsweng go tshamekisa bana

teddy bear

raka ya go baya diaparo

aparador

seaparo

pananamit

dikausu

medyas

dikausu tsa basadi

stockings

dithaetse

pampitis

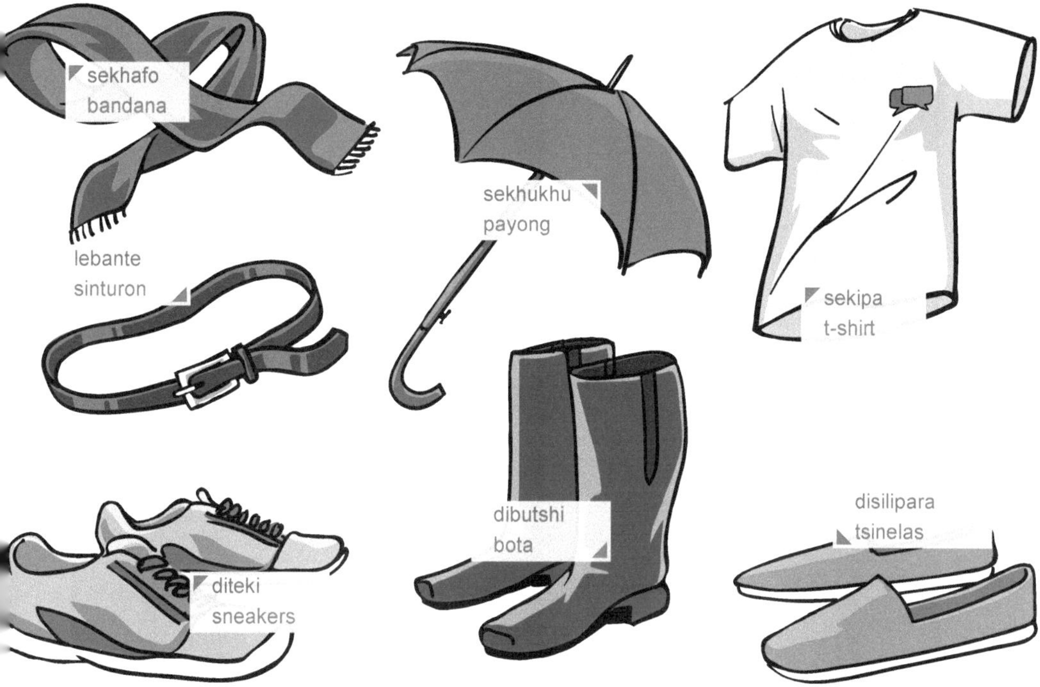

sekhafo
bandana

sekhukhu
payong

sekipa
t-shirt

lebante
sinturon

dibutshi
bota

disilipara
tsinelas

diteki
sneakers

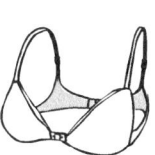

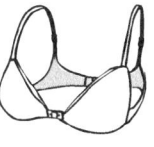

dimphatšhane
sandalyas

ditlhako
sapatos

dibutshi tsa rekere
botang degoma

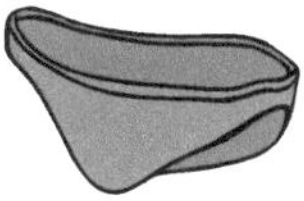

borukgwe jwa kwateng
salawal

boraa
bra

besete
tsaleko

mmele

katawan

borukgwe

pantalon

bokate

jeans

sekete

palda

bolaose

blusa

hempe

kamiseta

jeresi e e senang matsogo

pullover

jakete e e enaleng hutshe

panlamig

boleisara

blazer

jakete

diyaket

jase

kapa

jase ya pula

kapote

khosetjhumo

kasuotan

mosese

bistida

mosese wa lenyalo

damit pangkasal

sutu

terno

seaparo sa bosigo

damit pantulog

diaparo tsa go robala

padyama

sari

sari

sekhafa sa tlhogo

bandana sa ulo

turban

turban

burqa

burka

kaftan

kaftan

abaya

abaya

seaparo sa go thuma

panlangoy

diteranka

trunks

borukgwe jo bo khutshwane

salawal

terekesutu

tracksuit

seaparo sa go phephafatsa

apron

ditlelafo

guwantes

talama

butones

diborele

salamin

sebaga

pulseras

sebaga sa mo thamong

kuwintas

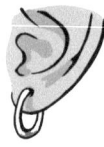

palamonwana

singsing

lengena

hikaw

kepisi

takip

sepega baki

sabitan ng kapa

hutshe

sombrero

tae

kurbata

zepe

siper

hutshe ya sethuthuthu

helmet

ditrata tsa meno

tirante

diaparo tsa sekolo

uniporme sa paaralan

diaparo tsa mmereko /
diaparo tsa sekolo

uniporme

bebe

bibero

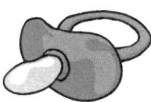

tami

manikin

mongato

lampin

kantoro
opisina

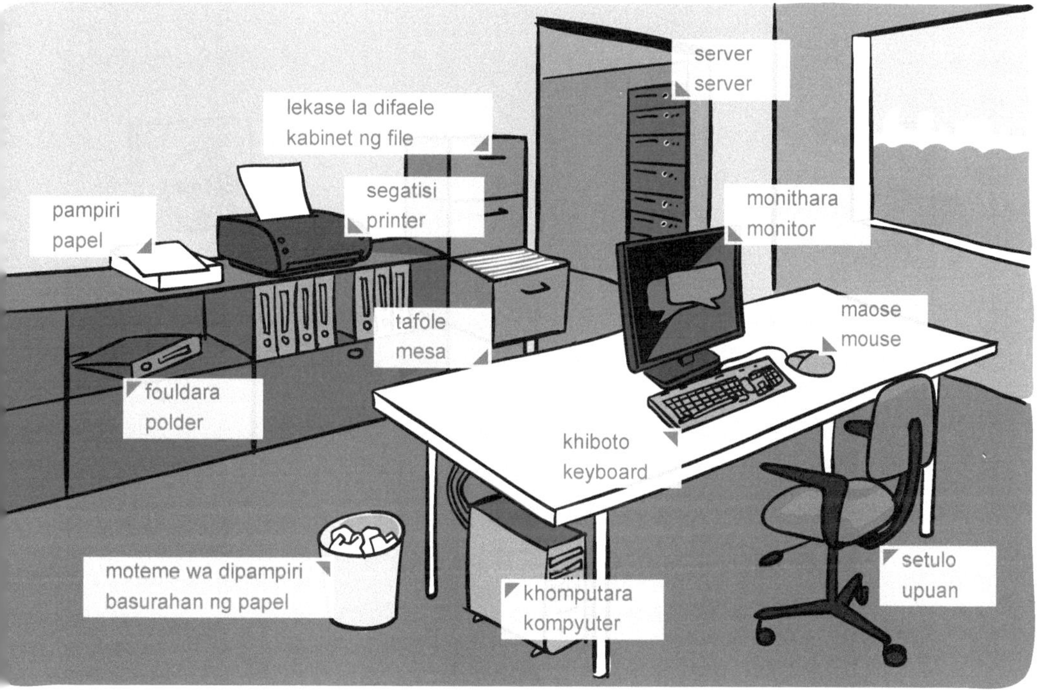

server
server

lekase la difaele
kabinet ng file

segatisi
printer

pampiri
papel

monithara
monitor

tafole
mesa

maose
mouse

fouldara
polder

khiboto
keyboard

moteme wa dipampiri
basurahan ng papel

khomputara
kompyuter

setulo
upuan

kopi

tasa ng kape

khalkhuleitara

calculator

inthanete

internet

lapothopo

laptop

lekwalo

sulat

molaetsa

mensahe

mogala wa letheka

mobile

kgolagano ya megala

network

segatisa dipampiri

photocopier

software

software

mogala

telepono

sokete ya polaka

saksakan

motšhini wa fekese

fax machine

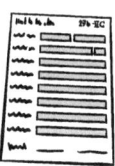

foromo

anyo

setlankana

dokumento

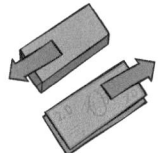

reka
bumili

patela
magbayad

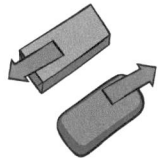

rekisa
ikalakal

madi / tšhelete
pera

dolara
dolyar

euro
euro

yen
yen

roubele
rublo

swiss franc
swiss franc

renminbi yuan
renminbi yuan

rupee
rupee

lefelo la madi
cash point

kantoro ya go fetola madi

tanggapan ng palitan ng pera

gauta

ginto

selefera

tanso

oli

langis

maatla

enerhiya

tlhwatlhwa

presyo

konteraka

kontrata

lekgetho

buwis

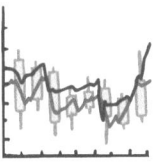

setoko

stock

dira

trabaho

mothapiwa

empleyado

mothapi

taga-empleyo

bodirelo

pabrika

lebenkele

tindahan

maemo
mga trabaho

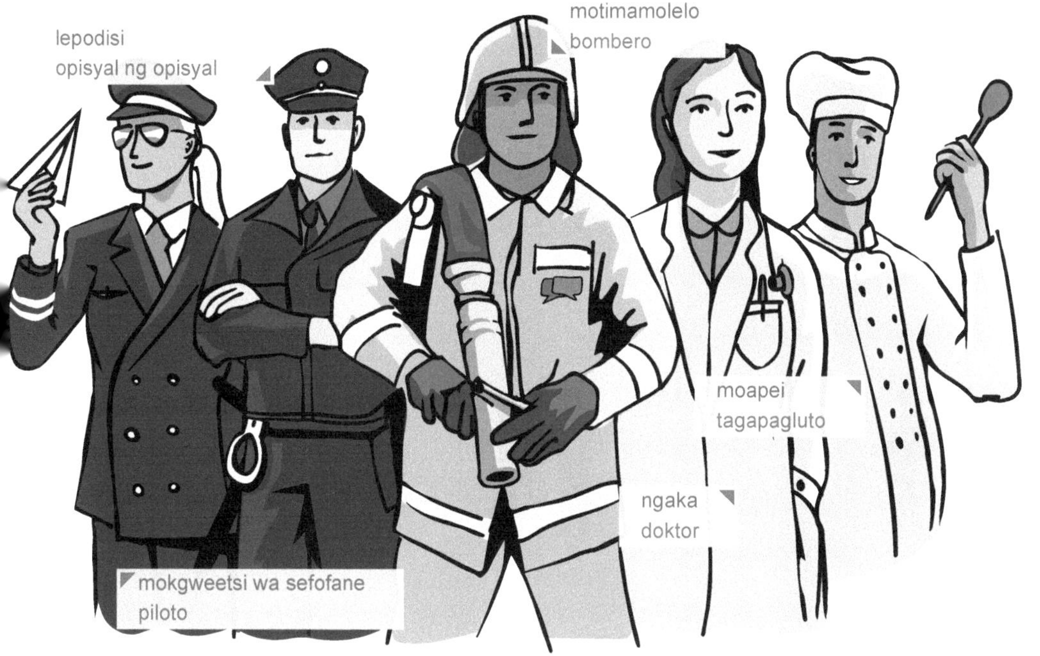

lepodisi
opisyal ng opisyal
motimamolelo
bombero
moapei
tagapagluto
ngaka
doktor
mokgweetsi wa sefofane
piloto

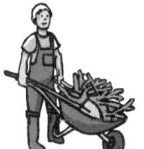

ratshingwana

hardinero

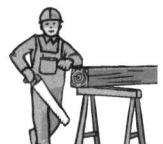

mmetli wa dikgong

karpentero

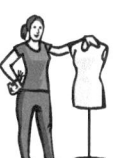

moroki

mananahi

moatlhodi

hukom

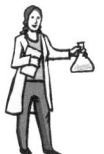

moitse wa melemo

kemiko

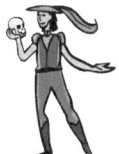

modiragatsi

aktor

mokgweetsi wa bese

tsuper ng bus

mokgweetsi wa tekisi

tsuper ng taxi

motshwari wa ditlhapi

mangingisda

Mme yo o phepafatsang

tagapaglinis

moruledi

tagapagkabit ng bubong

weitara

waiter

motsumi

mangangaso

motaki

pintor

mmesi wa senkgwe

panadero

ramotlakase

elektrisyan

moagi

tagapagtayo

moenjenere

inhinyero

mosegi wa nama

magkakarne

motsenyi wa diphaepe tsa metsi

tubero

motsamaisa poso

kartero

leshole

sundalo

modiri wa dipolane

arkitekto

morekisi

kahera

morekisi wa malomo

magtitinda ng bulaklak

mokgabisamoriri

manggugupit

kondactara

konduktor

mokheneke

mekaniko

mokapeteine

kapitan

ngaka ya meno

dentista

Rasaense

siyentipiko

moruti

rabbi

imam

imam

moitlami

monghe

moruti

klero

didiriswa
mga kagamitan

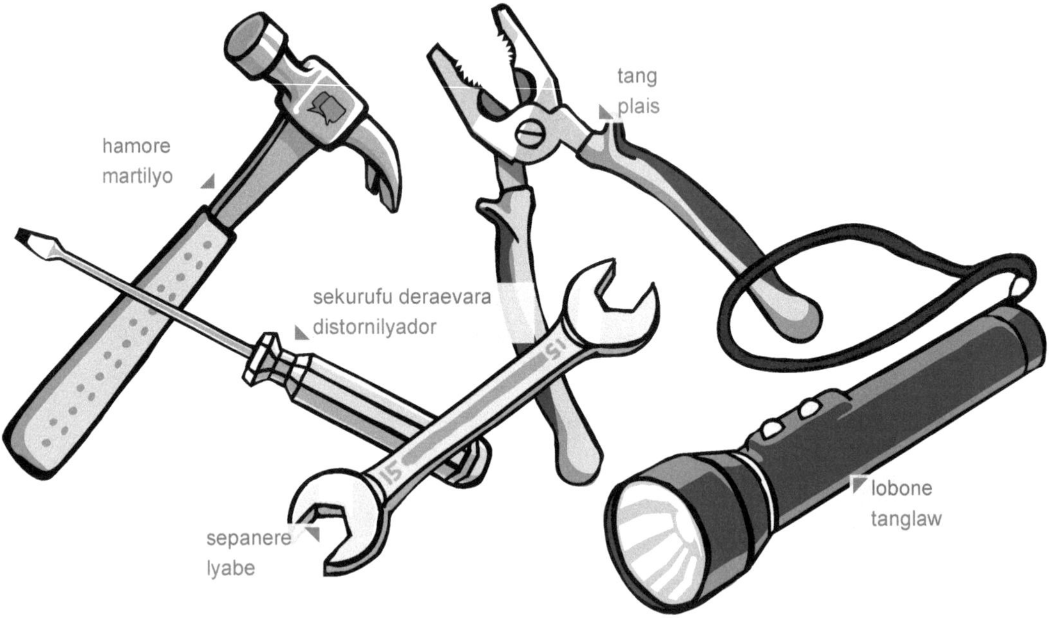
tang
plais
hamore
martilyo
sekurufu deraevara
distornilyador
lobone
tanglaw
sepanere
lyabe

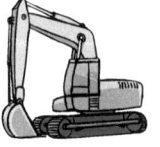

moepi
panghukay

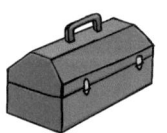

bokoso ya didirisiwa
toolbox

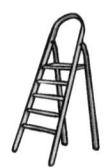

lere
hagdan

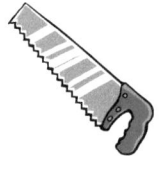

saga
lagari

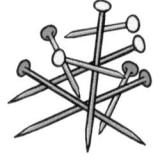

dipekere
mga pako

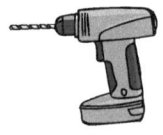

sebori
pambutas

baakanya
kumpunihin

garawe
pala

ijaa!
Kainis!

seolela matlakala
pandakot

pitsa ya pente
palayok ng pintura

sekurufu
mga tornilyo

didirisiwa tsa mmino
mga pangmusikang instrumento

sepikara se se goelang ko godimo
loud speaker

meropa
drumset

base e e gabedi
double bass

terompeta
trumpeta

katara
gitara

piano

piyano

bayolini

biyolin

base

bass

timpane

timpani

meropa

mga drum

khiboto

keyboard

sekesofone

saksopon

phala

plauta

sebuela godimo

mikropono

lefelo la go bonela diphologolo

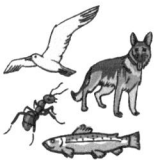

zoo

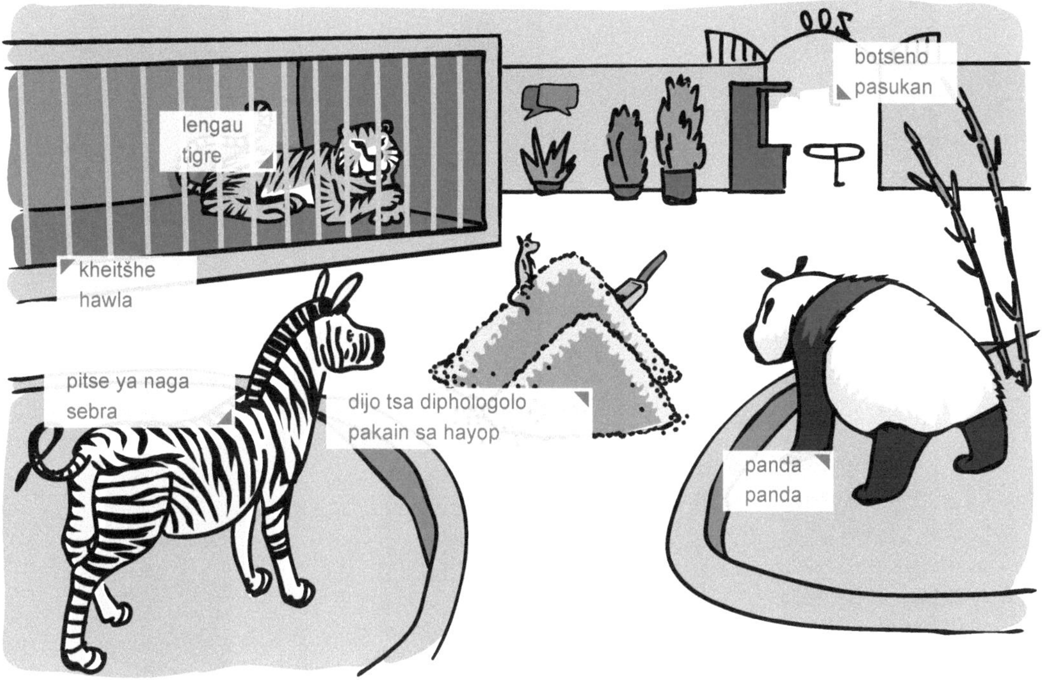

lengau
tigre
kheitšhe
hawla
pitse ya naga
sebra
dijo tsa diphologolo
pakain sa hayop
botseno
pasukan
panda
panda
zoo

diphologolo
mga hayop

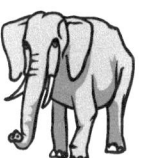

tlou
elepante

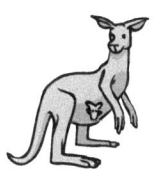

dikhankaruu
kanggaro

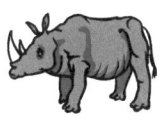

tshukudu
rhino

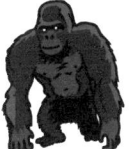

tshweni
gorilya

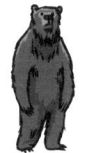

bera
oso

kamela

kamelyo

kalakune

ostrich

tau

leon

tshwene

unggoy

flamingo

flamingo

papalagae

loro

bera e e dulang ko lefelong
le le tsididi thata

polar bear

nonyane tsa lewatle

penguin

leruarua

pating

phikoko

paboreal

noga

ahas

kwena

buwaya

motlhokomedi wa
diphologolo
tagapag-alaga ng zoo

sili

seal

katse

jaguar

petsana

buriko

lengau

leopardo

tshukudu

hipo

thutlwa

dyirap

ntsu

agila

dikolobe tsa naga

bulugan

tlhapi

isda

khudu

pagong

walrus

walrus

ntja ya naga

soro

tshephe

gasel

metshameko

isports

kgwele ya dinao ya Amerika
Amerikanong putbol

motshameko wa baesekele
pamimisikleta

tenese
tennis

baseketebolo
basketbol

thuma
paglalangoy

hockey ya mo aeseng
ice-hockey

motshameko wa go lwa ka diatla
boksing

kgwele ya dinao
soccer

badminthone
badminton

atletiki
atletiks

kgwele ya diatla
handball

skiing
skiing

polo
polo

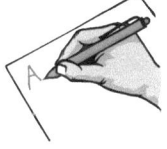

didirwa

mga aktibidad

tshega
tumawa
tlola
tumalon
tlamparela
yakapin
tsamaya
lumakad
opela
kumanta
lora
mangarap
rapela
magdasal
atla
halikan

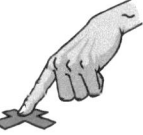

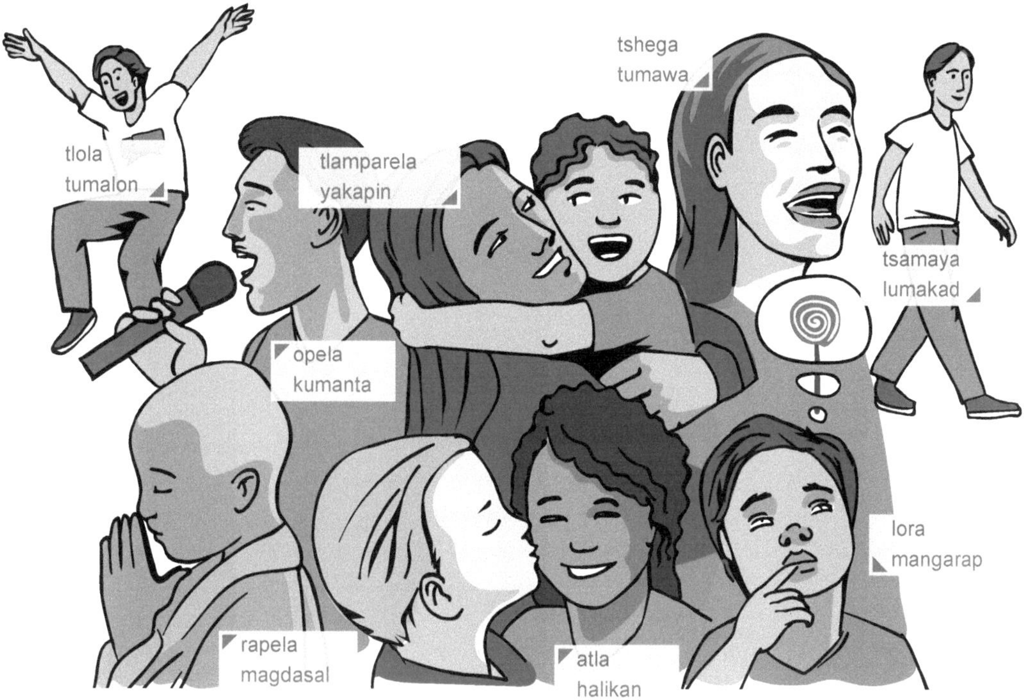

kwala

sumulat

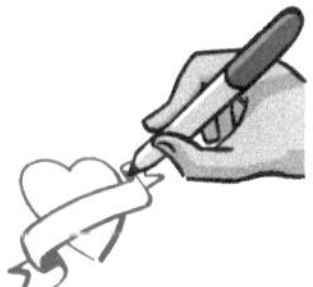

torowa

gumuhit

bontsha

ipakita

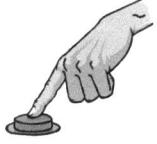

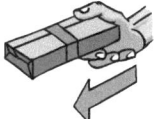

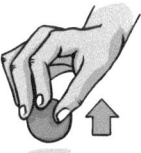

kgorometsa

itulak

naya

magbigay

tsaya

kunin

go nna

magkaroon

dira

gawin

nna

maging

ema

tumayo

taboga

tumakbo

goga

hilahin

latlha

itapon

wa

malaglag

maaka

mahiga

ema

hintayin

tsholetsa

dalhin

dula

umupo

apara

magbihis

robala

matulog

tsoga

gumising

leba

tumingin

lela

umiyak

thuma ka lemorago

estilo

kama

magsuklay

bua

magsalita

tlhaloganya

intindihin

botsa

magtanong

reetsa

makinig

nwa

uminom

ja

kumain

phepafatsa

linisin

lorato

mahal

apaya

magluto

kgweetsa

magmaneho

fofa

lumipad

seila

maglayag

khalkhuleitara

kalkulahin

bala

basahin

ithute

matuto

dira

trabaho

nyala

pakasalan

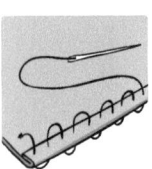

roka

tahiin

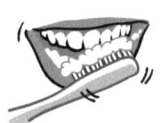

tlhapa meno

magsipilyo ng ngipin

bolaya

patayin

tsuba

manigarilyo

romela

magpadala

lelapa
pamilya

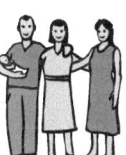

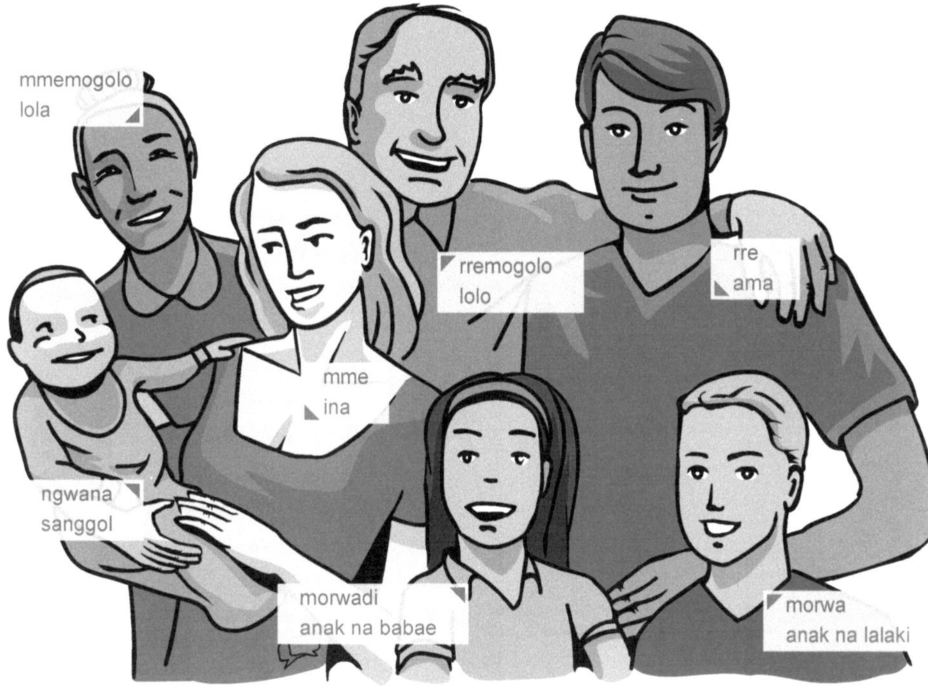
mmemogolo
lola
rremogolo
lolo
rre
ama
mme
ina
ngwana
sanggol
morwadi
anak na babae
morwa
anak na lalaki

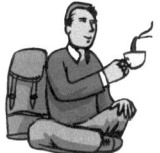

moeng

panauhin

mmangwane

tiya

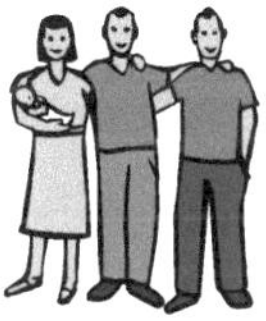

malome

tiyo

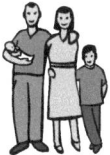

abuti

kuya

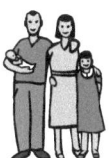

ausi

ate

mmele

katawan

phatlha
noo
leitlho
mata
legetla
balikat
monwana
daliri
sefatlhego
mukha
seledu
baba
seatla
kamay
leoto
binti
letsele
suso
letsogo
bisig

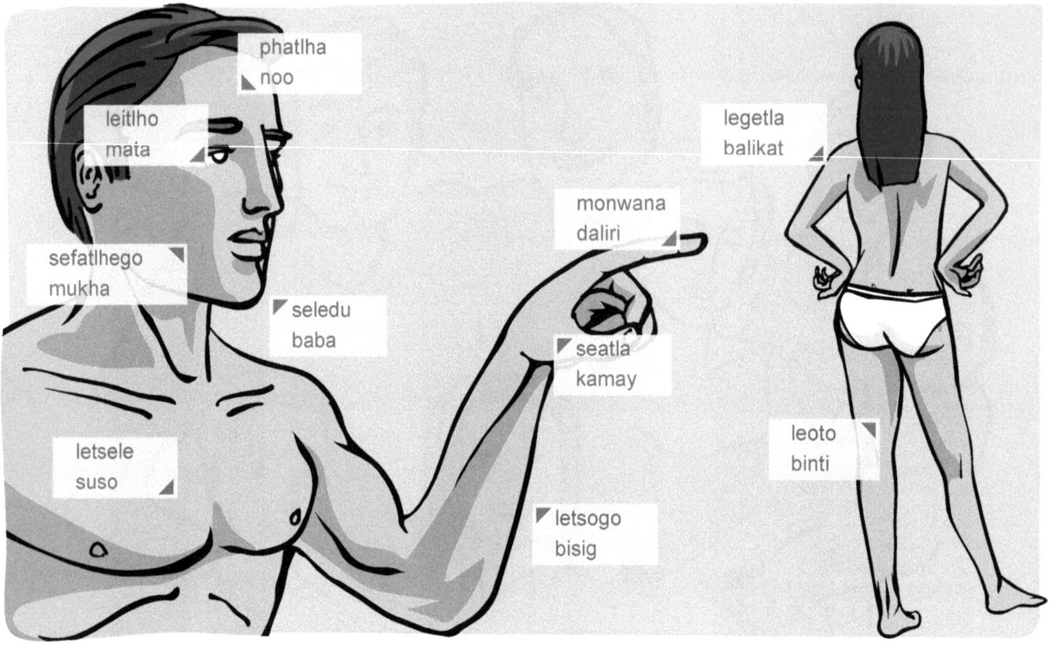

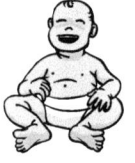

ngwana
sanggol

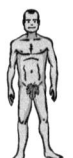

monna
lalaki

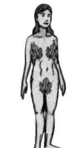

mosadi
babae

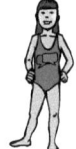

mosetsana
batang babae

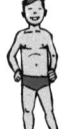

mosimane
batang lalaki

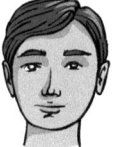

tlhogo
ulo

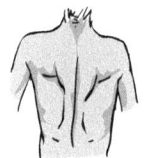	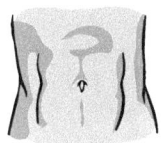	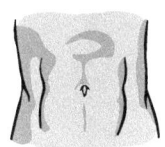
mokwatla	mpa	khubu
likod	tiyan	pusod
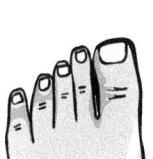	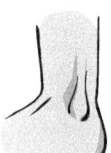	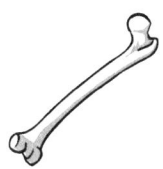
monwana	serethe	lerapo
daliri ng paa	takong	buto
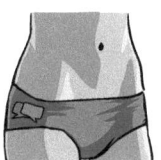	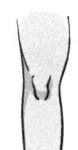	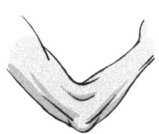
letheka	lengole	sekgono
balakang	tuhod	siko
		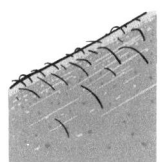
nko	ko tlase	letlalo
ilong	gitna	balat
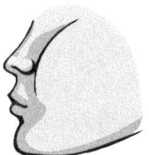	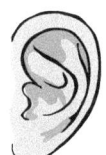	
lerama	tsebe	pounama
pisngi	tainga	labi

molomo

bibig

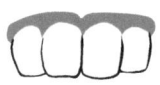

leino

ngipin

loleme

dila

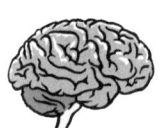

boboko

utak

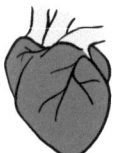

pelo

puso

maatla

kalamnan

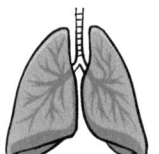

lekgwafo

baga

sebete

atay

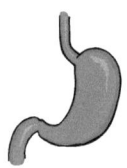

mala

sikmura

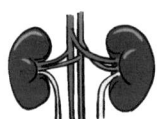

diphio

mga bato

bong

pagtatalik

mosomelwana

kondom

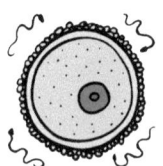

sebelegi sa ngwana

obyum

semen

semen

moimana

pagbubuntis

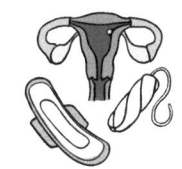

dinako tsa go tla ka kgwedi
tsa basadi

pagreregla

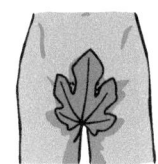

serwe sa mosadi

vagina

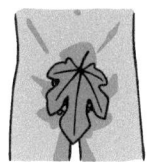

serwe sa monna

ari ng lalaki

dintshi

kilay

moriri

buhok

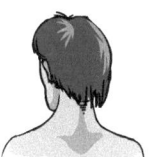

thamo

leeg

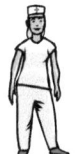

sepetlele
ospital

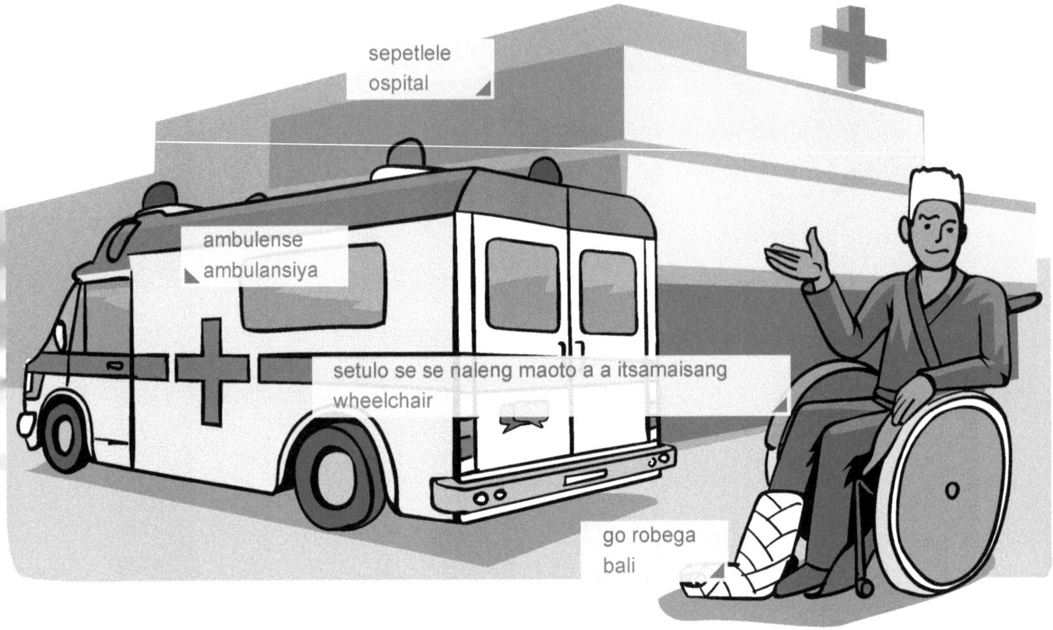

sepetlele
ospital
ambulense
ambulansiya
setulo se se naleng maoto a a itsamaisang
wheelchair
go robega
bali

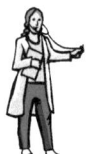

ngaka

doktor

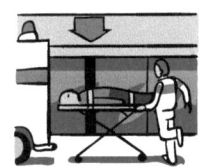

phaphosi ya tshoganyetso

silid pang-emergency

mooki

nars

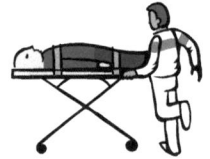

tshoganyetso

emerhensiya

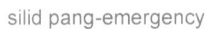

idibala

walang malay

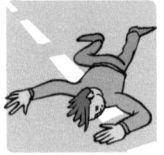

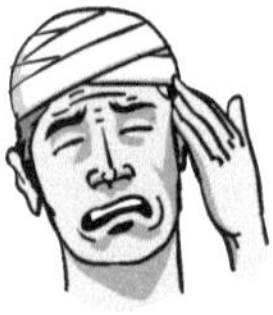

setlhabi

pananakit

kgobalo

pinsala

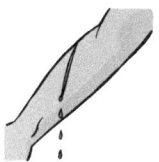

go dutla madi

nagdurugo

tlhaselo ya pelo

atake sa puso

setorouko

atake serebral

bolwetsi

alerdye

go gotlhola

ubo

fulu

lagnat

fulu

trangkaso

letshololo

pagdudumi

opiwa ke tlhogo

sakit ng ulo

kankere

kanser

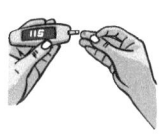

sukiri ya mmele

diyabetis

moari

siruhano

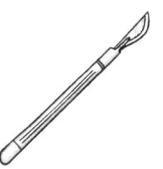

sekalepele

iskalpel

karo

operasyon

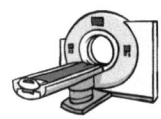

CT

CT

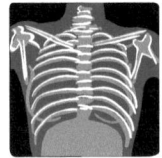

x-ray

x-ray

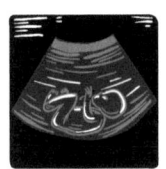

motšhini wa go leba mo mpeng

ultrasound

sesira sefatlhego

maskara sa mukha

twatsi

sakit

phaposi boletelo

silid-antayan

dithobane

saklay

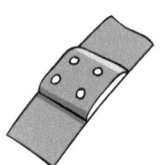

polasetara

plaster

sefapho

benda

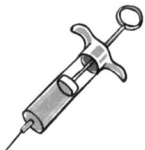

lemao

iniksyon

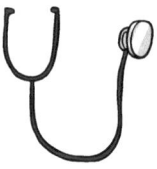

setetosekoupu

istetoskopyo

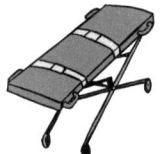

seteretšhara

estretser

themometara ya bongaka

klinikal na termometro

pelegi

pagsilang

bokima jwa mmele

labis sa timbang

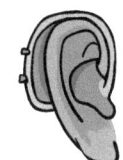

sedirisiwa sa go thusa go utlwa

hearing-aid

sesireletsa dintho

pang-disimpekta

tshwaetso

impeksyon

mogare

bayrus

HIV / AIDS

HIV / AIDS

melemo

medisina

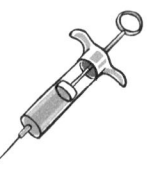

mokento

bakuna

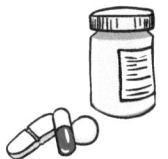

thabolete

mga tableta

pilisi

tabletas

mogala wa tshoganyetso

emergency na tawag

motšhini wa go ela tlhoko kgatelelo ya madi

pagmamatyag sa presyon ng dugo

lwala / itekanetse

may sakit / malusog

Thusa!

Tulong!

alamo

alarma

tshotlako

asulto

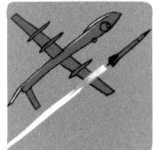

tlhasela

atake

kotsi

panganib

kgoro ya tshoganyetso

labasang pang-emergency

Molelo!

Sunog!

setima moleleo

fire extinguisher

kotsi

aksidente

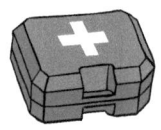

khiti ya go thusa ka dikgobalo

kagamitan sa paunang lunas

SOS

SOS

lepodisi

pulis

Yuropa

Europa

Bokone jwa Amerika

Hilagang Amerika

Borwa jwa Amerika

Timog Amerika

Aforika

Aprika

Asia

Asya

Australia

Australia

Atlantic

Atlantika

Pacific

Pasipiko

Lewatle la India

Dagat Indiano

Lewatle la Antarctic

Dagat Antarktika

Lewatle la Arctic

Dapat Arktika

Bokone

Hilagang polo

Borwa

Timog polo

Antartica

Antartika

Lefatshe

mundo

lefatshe

lupa

lewatle

dagat

losi lwa lewatle

isla

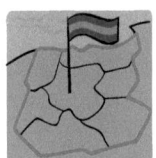

lotso

bansa

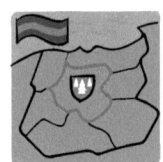

boemo

estado

lentle la tshupanako

mukha ng orasan

letsogo la ura

orasang kamay

letsogo la metsotso

minutong kamay

letsogo la metsotswana

segundong kamay

ke nako mang?

Anong oras na?

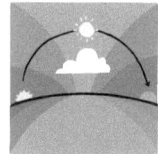

letsatsi

araw

nako

oras

go ne jaanong

ngayon

tshupanako ya dijithale

digital na relo

metsotso

minuto

ura

oras

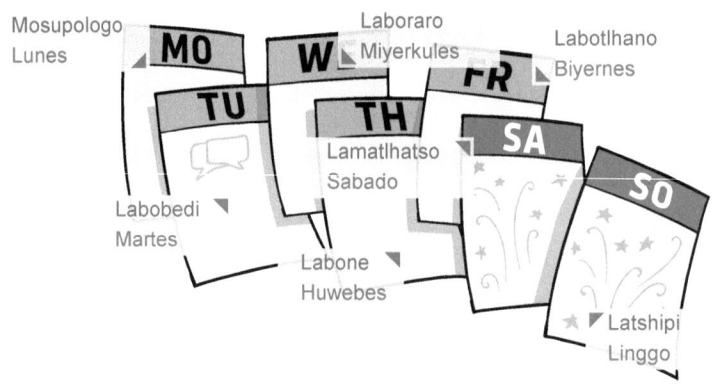

Mosupologo / Lunes — MO
Laboraro / Miyerkules — W
Labotlhano / Biyernes — FR
Labobedi / Martes — TU
Lamatlhatso / Sabado — TH
Labone / Huwebes
Latshipi / Linggo — SA, SO

maabane
kahapon

gompieno
ngayon

kamoso
bukas

moso
umaga

thapama
tanghali

maitseboa
gabi

MO	TU	WE	TH	FR	SA	SU
1	2	3	4	5	6	7
8	9	10	11	12	13	14
15	16	17	18	19	20	21
22	23	24	25	26	27	28
29	30	31	1	2	3	4

malatsi a tiro
mga araw ng negosyo

MO	TU	WE	TH	FR	SA	SU
1	2	3	4	5	6	7
8	9	10	11	12	13	14
15	16	17	18	19	20	21
22	23	24	25	26	27	28
29	30	31	1	2	3	4

mafelo a beke
katapusan ng linggo

pula
ulan

motshe wa badimo
bahaghari

letlhwa
niyebe

phefo
hangin

dikgakologo
tagsibol

letlhafula
taglagas

selemo
tag-init

mariga
taglamig

4.APRIL	11°	☀
5.APRIL	4°	☁
6.APRIL	13°	⛅
7.APRIL	8°	❄
8.APRIL	10°	☀

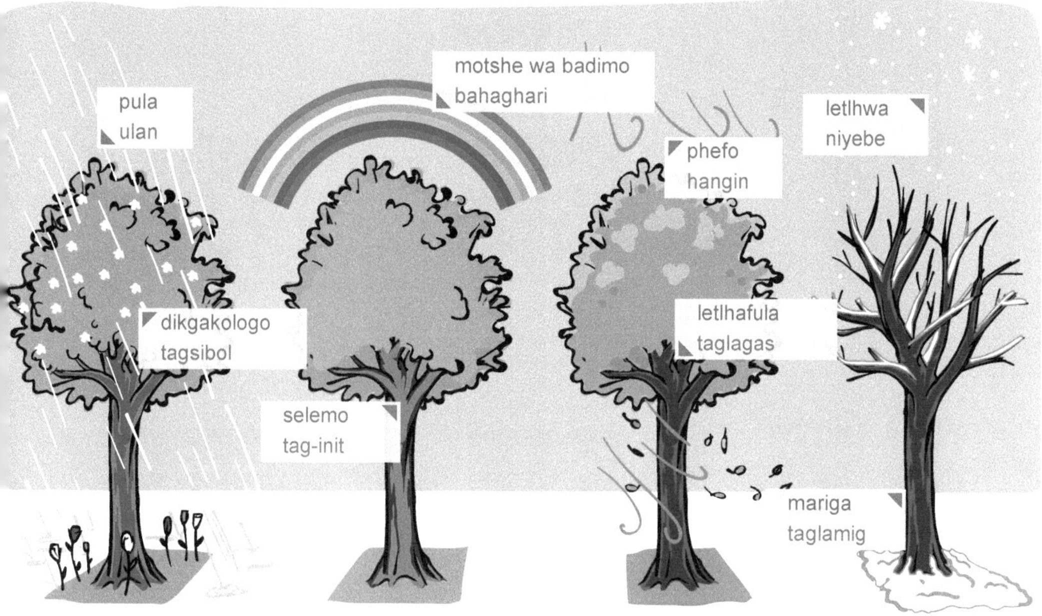

botsogo jwa loapi

lagay ng panahon

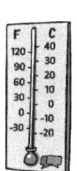

themomithara

termometro

letsatsi

sikat ng araw

leru

ulap

mouwane

hamog

humidity

kahalumigmigan

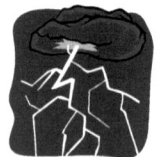

legadima

kidlat

modumo wa maru

kulog

matsubutsubu

bagyo

sefako

may yelong ulan

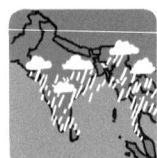

monsoon

tag-ulan

morwalela

pagkain

aese

yelo

Ferikgong

Enero

Tlhakole

Pebrero

Mopitlwe

Marso

Moranang

Abril

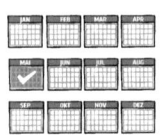

Motsheganong

Mayo

Seetebosigo

Hunyo

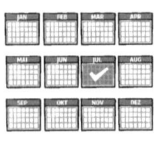

Phukwi

Hulyo

Phatwe

Agosto

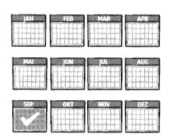

Lwetse
....
Setyembre

Diphalane
....
Oktubre

Ngwanaatsele
....
Nobyembre

Sedimonthole
....
Disyembre

dipopego
mga hugis

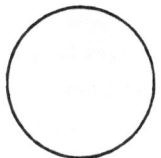

kgolokwe
....
bilog

khutlonne
....
parisukat

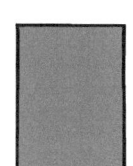

khutlonnetsepa
....
rektanggulo

khutlotharo
....
tatsulok

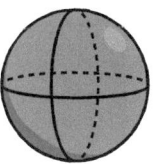

khutlo
....
pabilog

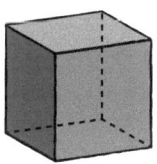

khiubu
....
kyub

tshweu

puti

serolwana

dilaw

mmala wa namune

kahel

pinki

rosas

khibidu

pula

bohibidu jo bo mokgona

ube

pududu

asul

tala

berde

tshetlha

brown

tshetlha

grey

ntsho

itim

go le gontsi / go nnye

marami / kakaunti

go kwata / go ritibala

takot / kalmado

montle / maswe

maganda / pangit

tshimologo / bofelo

simula / katapusan

tonna / nnyane

malaki / maliit

lesedi / lefifi

matingkad / madilim

abuti / ausi

kuya / ate

phepa / leswe

malinis / madumi

feletse / go sa felela

kumpleto / kulang

motshegare / bosigo

araw / gabi

o sule / o a tshela

patay / buhay

bophara / tshesane

malawak / makipot

ya jega / ga e jege

nakakain / hindi nakakain

bosula / molemo

masama / mabuti

go itumela thata / go se itumele

nakakatuwa / nakakainip

nonne / tshesane

mataba / payat

ntlha / bofelo

una / huli

tsala / sera

kaibigan / kaaway

tletse / lolea

puno / walang laman

thata / bonolo

matigas / malambot

bokete / motlhofo

mabigat / magaan

tlala / lenyora

gutom / uhaw

lwala / itekanetse

may sakit / malusog

dumelesega / dumeletswe

ilegal / legal

botlhale / sematla

matalino / tanga

molema / moja

kaliwa / kanan

gaufi / kgakala

malapit / malayo

sesha / ya kgale

bago /gamit na

sepe / sengwe

wala /mayroon

mogolo / mosha

matanda / bata

tsenya / tima

naka-on / naka-off

bula / tswetswe

bukas / sarado

tidimalo / modumo

tahimik / maingay

khumo / lehuma

mayaman / mahirap

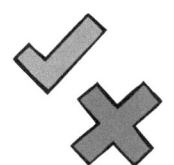

siame / phoso

tama / mali

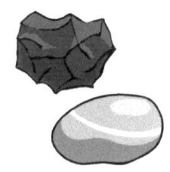

ditlhotlhori / borethe

magaspang / makinis

hutsafetse / itumetse

malungkot / masaya

khutshwane / telele

maikli / mahaba

bonya / bonako

mabagal / mabilis

metsi / omile

basa / tuyo

mololo / tsididi

maligamgam / malamig

ntwa / kagiso

digmaan / kapayapaan

dipalo

mga numero

0
lefela
sero

1
nngwe
isa

2
pedi
dalawa

3
tharo
tatlo

4
nne
apat

5
tlhano
lima

6
thataro
anim

7
supa
pito

8
robedi
walo

9
robonngwe
siyam

10
lesome
sampu

11
some nngwe
labing-isa

12

some pedi

labindalawa

13

some tharo

labintatlo

14

some nne

labing-apat

15

some tlhano

labinlima

16

some thataro

labing-anim

17

some supa

labimpito

18

some robedi

labing-walo

19

some robonngwe

labinsiyam

20

masomamabedi

dalawampu

100

lekgolo

daan

1.000

sekete

libo

1.000.000

milione

milyon

Sejatlhapi

Ingles

Sejatlhapi sa Amerika

Amerikan na Ingles

se-China

Tsinong Mandarin

se-Hindi

Hindi

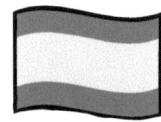

se-Spanish

Espanyol

se-For a

Pranses

se-Araba

Arabe

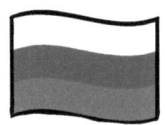

se-Russia

Ruso

se-Potokisi

Portuges

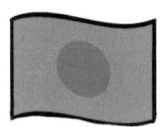

se-Bengali

Bengali

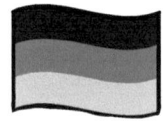

se-Jeremane

Aleman

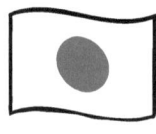

se-Japane

Hapon

Nna
ako

wena
ikaw

ene / ene / sone
siya / siya / ito

re
kami

wena
ikaw

bone
sila

mang?
sino?

eng?
ano?

jang?
paano?

kae?
saan?

leng?
kailangan?

HELLO, I AM

leina
pangalan

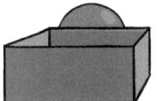

mo morago

likuran

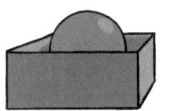

mo

saan

fa pele ga

sa harap ng

godimo

itaas

mo

sa

fa tlase

ilalim

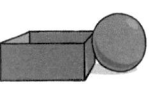

mo thoko

katabi

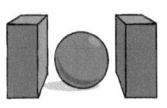

magareng

pagitan

lefelo

lugar